HAPPY AGEING

これからの私に合うおしゃれ

川邉サチコ　川邉ちがや

日本文芸社

元気がない女性たちを見るのは、とてもつらい。
街を歩きながらそんなことを思い、
「女性たちを美しく輝かせたい！」と始めたのが、
プライベートサロン「KAWABE.LAB」です。

母と娘、世代の異なる二人の視点で、
お客さま一人一人に合うおしゃれを提案しています。
「サチコさん、古い！」、「ちがやさん、そうじゃない！」
そんなふうに、時に白熱しながらも、
日々、女性が美しく変わる瞬間を目の前にしています。

人生は、百年続くと言われる時代。
今こそ、大人の女性たちが輝くときです。
そろそろ、自分のためのおしゃれを楽しみましょう。

母・川邉サチコ

娘・川邉ちがや

はじめに

私、川邉サチコは、パリのメイクアップスクールで学んだ後、ディオール、サンローラン、ニナ・リッチなど、海外メゾンが日本でオートクチュールを発表する際にヘア・メイクを担当させていただき、70年代からは雑誌、広告、映画、舞台など、幅広い表現の世界で最先端のファッションやアートに携わってきました。その経験を活かして大人の女性たちの美をサポートできないか……と都内の住宅街で始めたのが、プライベートサロン「KAWABE.LAB」です。娘のちがやさんとともに歩んで、早25年が経とうとしています。

サロンでは、お客さまのご要望に合わせて、ヘア、メイク、ファッションをトータルに提案。また、日々のヘアケアやスキンケアのアドバイス、メイクレッスン、ショッピングの同行など、世界にひとつだけのオーダーメイドの時間を提供させていただいています。

「最近、何が自分に似合うのかわからない」

「メイクやヘアスタイルのやり方がわからない……」

お客さまの多くは、年齢を重ねるなかで自分に自信をなくし、少しでも変わりたいという思いでいらっしゃいます。自分の長所に気づけない方もたくさんいるため、カウンセリングから時間をかけてゆっくりと、一人一人の個性を最大限に活かし、また今の自分が輝けるように、美しさを育てる作業を大切にしています。

〝大人のおしゃれ〟は、その人が重ねてきた悲喜こもごものストーリーや生き方が自然に醸し出されるもの。それが個性となり、魅力になります。だからこそ、年を重ねた人ほど自信を持って、そして幸せな気持ちでおしゃれをしてほしいのです。

本書にはそんな願いを込めて、私たち自身の経験を通して培ってきた、大人だからこそ意識したい「トータルで考えるおしゃれ」、今の自分に自信を持つための「美しく年を重ねるヒント」、これからの自分が楽しみになる「肌と髪の土台づくり」のノウハウを、ぎゅっと詰め込みました。

あなたが今、何歳かは関係ありません。今の自分と向き合って自分のためのおしゃれを楽しみましょう。本書が、それにひと役買うことができれば、著者としてこれほどうれしいことはありません。本書を手に取った瞬間から、第二のおしゃれライフの始まりです。

どんなことでも続けることが大事。
「ゆっくり」と「ていねい」に。
心の豊かさは〝大人の美〟として、
内面からにじみ出てくるもの。

何歳になっても諦めない。
小さなことでも無邪気に楽しみ、
目の前の扉をどんどん開ける。
その先に新しい自分が待っています。

Contents

Lesson

2 美しく年を重ねるために必要な11のコト

Lesson 3

大人こそ美しさを磨く土台づくり

Lesson

1

Total Beauty
Method

トータルで考える
大人のおしゃれ

Styles

自分の変化と向き合い
大人ならではの着こなしを楽しむ

格好いいおしゃれな大人の女性を見ると、「年を重ねるのも悪くない」と思わせてくれます。私の世代は、着物が勝負服。今とは違い、洋服で格好いいと思うような人は海外生活の経験がある人くらいで、お手本になってくれる人は極《ご》まれでした。私も20代の頃、ヨーロッパの大人の女性の格好よさを目の当たりにして、早く大人になりたいと思ったものです。洋服文化の長いヨーロッパ女性のおしゃれは、どこがどう違うのかと、細部まで気になったことを思い出します。

年齢を重ねた女性の多くは、体型、肌質、髪質など、体の変化が気になり始めると、おしゃれに迷いが出てきて自信をなくしてしまいます。そんな人をたくさん見てきましたが、80歳を過ぎた私からすれば、誰もがまだ年を重ねる通過点でしかありません。

50代以上になると、「これまで着ていたものが似合わなくなった」「ヘアスタイリングがしにくくなった」「メイクの仕方がわからない」というようなことはよくあること。だからと言って自信をなくしたり、諦めてしまう必要はありません。今の自分と向き合い、体の変化に合わせて、ファッションやビューティを見直せばいいのです。

例えば、私の場合。白髪をカラーリングでブラウンに染めていたのを、76歳のときにホワイトブロンドにチェンジ。ヘアスタイルもメイクも新しいヘアカラーに合うように変えました。髪色が明るくなり毛の流れが美しく出るようになったことで、ロングスタイルが楽しめるように。自然なアップスタイルにすることが増え、顔が明るく見えるようになって、リップも明るい色が映えて気分もアップ。すると、女性らしい洋服はもちろん、明るくきれいな色も着られるようになりました。こうして、新しい自分を次々に発見でき、おしゃれの楽しさが増えたのです。

足元は体の変化とともに、履きやすく歩きやすいフラットシューズやスニーカーを好んで履くようになりました。それまでは、ハイヒールや流行りのシューズが大好きでしたが、フラットシューズやスニーカーを大人っぽく、エレガントにコーディネートして颯爽と歩くのが今の気分です。

ヘアカラーから始まった私の変身ですが、あるとき娘のちがやさんから、「少し前までイケてないと思っていたけど、イメージチェンジしてから格好よくなったね」と言われて、思いもかけない言葉にドキッ！としました。娘や周りの人の声に耳を傾けるのも大切なことだと学んだ出来事です。

経験を活かせる大人の女性ならではの着こなし方をして、若い人には絶対にできない格好よさを、自信を持って楽しんでください。おしゃれに迷い、変えたいと思ったときこそ、今の自分の魅力を引き出す、新しいおしゃれストーリーの始まりです。

おしゃれはトータルで。経験を積んだ大人は引き算上手

おしゃれは人のためではなく、自分自身のもの。

自分が心地よくて気分が上がることが一番ですが、自分が誰かのおしゃれをチェックするように、誰かも自分を見ていると思うと、やはり人の目は気になるものです。

「素敵ですね！」「格好いいですね！」などと言われると、誰でもうれしいでしょう。特に見知らぬおしゃれな若い女性に言われればなおのこと。そんなふうに褒められるときは、ファッション、ヘア、メイクをトータルにコーディネートしていて、すっきりと清潔感があるとき。全体のバランスが大事なのだと、改めて気づかせてくれる瞬間です。

私たちが考えるおしゃれも、〝トータルで捉える〟ことを基本にしています。

おしゃれと言うと、ファッションだけを考えがちですが、おしゃれにはヘアとメイクも含まれます。ファッションとヘア・メイクは五分と五分。両者は決して切り離せないもので、互いに助け合っていますから、その日の気分やシーンに合わせて洋服や小物を選び、ヘアとメイクを決める。こんなふうに、おしゃれは、トータルで考えることが何よりも大

切なのです。

大人の女性はおしゃれの歴史が長いので、自分の装いに頑固な人が多く、自分のマニュアル通りに着こなしがちです。そのため変化に乏しく、たとえ新しく洋服を購入しても、アクセサリー、バッグ、シューズは変えても、ヘアスタイルやメイクまで変えようと思う人は少ないと思います。

せっかく出会った新しい洋服。ヘアスタイルを整え、洋服に合わせてメイクも変えれば、新たな自分に出会えるかもしれません。そんなプロセスを楽しめるようになると、おしゃれはもっと楽しくなります。

そして、洋服、ヘア、メイク、小物、シューズすべてが、その人の個性を引き立て、さらに清潔感あるスタイルに仕上げるには、〝足し算〟ではなく〝引き算〟が大事。経験を積んだ大人なら、生きざまや人となりがにじみ出てきますから、むしろ余分なものは引き算したほうが、その人らしさが輝くのです。

この引き算のヒントを教えてくれるのが全身鏡です。上半身だけ映る自分と全身で映る自分は、全く印象が異なりますし、チェックポイントも広がります。

例えば、ヘアスタイルのボリューム感やラインだったり、アクセサリーやシューズのバランスだったり……。メイクが濃くないか、色のバランスが取れているかなど、小さな部分も含めて一瞬で全体のバランスが読み取れるので、そこから引き算をして手直しすることで、すっきり仕上がります。できたら、合わせ鏡で後ろ姿もしっかり確認。これでおしゃれ上級者を目指せます。

大人のTシャツは
脇役使いがちょうどいい

エレガントなエルメスのカシミアスーツに、スポーティなセントジェームスのボートネックシャツを合わせてカジュアルダウン。足元はネイビーのタイツとマノロ　ブラニクのレースアップシューズで上品に締めます。手に持ったグッチのスカーフをひらりとなびかせて女性らしいニュアンスを。

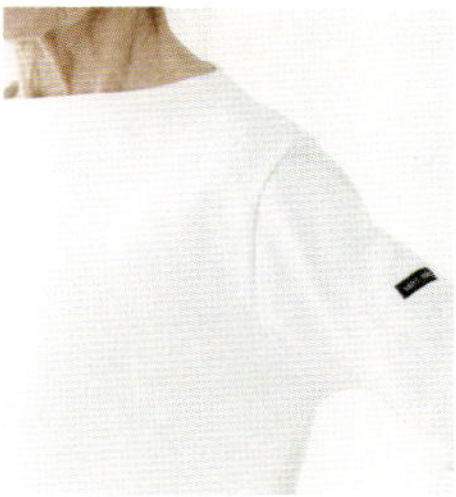

Style
01
ベーシックTシャツ

[Sachiko's]
Tシャツのチェックポイントは今の自分に似合うネックライン

年齢を重ねていくと、これまで好きで着ていたものが似合わなくなる……。その代表がTシャツでしょう。ネックラインに違和感を覚え、ベーシックなクルーネックがしっくりこないと感じる人も多いはず。だからと言って諦める必要はありません。襟のカットが異なるものを選んでみると、案外「まだまだいける」ということもあるのです。

好みは人それぞれですが、私の場合は、本来は胸元が開いたUネックで鎖骨を見せると首が長く見えて格好いい。ですが、年齢とともに首の筋が目立って出せなくなり、セントジェームスのようなボートネックが定番になりました。横に開いたボートネックは程よいヌケ感があり、デコルテやフェイスラインをきれいに見せてくれます。フォーマルなスーツにもよく合う、使い勝手のいいデザインなのです。ネックラインは数ミリの差で印象やおしゃれ感が変わりますから、必ず試着してベストなバランスを見つけてください。また、ジャケットを合わせるなど、大人らしい上品な着こなしを見つけましょう。

**美シルエットを
タックインですっきり**

肌に優しいオーガニックなコットンジャージー素材を用いたseya.のTシャツを、ザラのセットアップのリネンパンツにタックインしてスタイルアップ。白で軽やかにまとめ、ASHA BY MDSのノーカラージャケットとAetaのメッシュバッグをカラーアクセントに。足元はスポーティなデザインのドリス ヴァン ノッテンのサンダル。

Style
02
スマートTシャツ

[Chigaya's]

体のラインを拾いにくいシルエットと素材を味方に

40代後半から50代は、洋服選びに悩むお年頃。体重は変わらなくても体型が緩んだり、顔の印象が変わったり……。私もそうでしたが、去年購入したものでも「あれ?」ということが増えていきます。それでも、Tシャツ愛は変わらず、特に白いTシャツは好きな形のものを何年も大切に着ています。

選ぶときは、自分に合うネックラインに加え、素材とサイズ感を必ずチェック。人は柔らかい素材に触れるとリラックスできるので、更年期特有の圧迫感を感じる方や肌が敏感になっているときなどは、肌を優しく包み込んでくれるオーガニックのコットンジャージー素材を。さらに、体のラインを拾わず、適度な落ち感があり、きれいなシルエットをつくってくれるものなら、ベスト。着心地がよく、スタイルアップしてくれる1枚は、カジュアルにはもちろん、お出かけ着としても活躍してくれます。

Tシャツはシンプルだけど存在感があるアイテム。カッチリしたスーツに合わせればこなれた着こなしになるので、オールシーズン頼もしい味方です。

シンプルでエレガントな大人のシャツスタイル

仕立てのいいジル・サンダーの白シャツを、ウエストに特徴があるキャバンのパンツにタックイン。縦のラインをすっきり見せつつ、袖をまくってニュアンスをつけます。色合わせもシンプルなので、肩に掛けたハイゲージニットとザラのPVC素材のパイソン柄フラットシューズをアクセントに。

Style
03
白シャツ

[Sachiko's]

大人は仕立て重視のベーシックとトレンドを上手に使い分け

ベーシックなものこそ仕立てが大事。そう感じるのがシンプルなシャツです。体に沿ったカットやていねいな縫製、細やかな縫い代の始末……身にまとうと、シルエットがきれいで、きちんと感を醸し出す。仕立ての良し悪しが、見た目にもはっきりと現れるので、上質なものならさらっと着ただけで格好がつくのです。素材がよければなおのこと、着心地もよく気分が上がります。

なかでも白シャツは、使い勝手のいい万能選手。顔色も明るく見せてくれますし、清潔感ある装いに欠かせません。ベーシックなものはジャストサイズを選び、タックインですっきり着ると女性らしさが際立ちます。遊びのあるオーバーサイズのものはカジュアルに。Tシャツをインナーにして、白シャツをジャケット感覚で羽織ると、軽やかで若々しい印象になります。

白に関しては、汚れや黄ばみで長く着ることができないので、ワンシーズンと割り切ってファストブランドも取り入れます。入れ替えするものですから、旬のデザインも楽しんでいます。

大人のカジュアルこそ手を抜かずトレンドで味つけを

右：レッドカード×エディションのストレートデニムに、モードなドリス ヴァン ノッテンのパワーショルダーTシャツとコム デ ギャルソン×ナイキの厚底スニーカーでトレンド感を。左：ユーズドのカラーデニムとフランク＆アイリーンのTシャツに、ドリス ヴァン ノッテンのメンズコートとレースアップサンダルを合わせて。

Style
04
デニム

[Chigaya's]

元気が出るデニムを自分らしく自由に楽しむ

いつまでもデニムが似合う人でいたい。たくさんのデニムに出会っている私たち世代だからこそ、硬い素材が苦手になったり、肌質やボディラインがデニムに負けるようで嫌になったり、デニムから遠ざかっていた時期もあるはず。でも、大丈夫。頼もしいアイテムが次々にアップデートされていますし、素材が柔らかくシルエットがきれいな国産ブランドも出ていて、日本人女性を美しく装ってくれるので、今の自分に合うアイテムに必ず出会えるはずです。

そして、大人のデニムスタイルで特に大切なのが、清潔感。ベーシックなら濃いインディゴブルーのストレートを。スタイルアップを目指すならスキニーを。また、柔らか素材のボーイフレンドは、小物を効かせればホテルランチも可能。ワイドなシルエットはカシミアやきれい目のブラウスと合わせれば、ちょっとしたパーティにも出席できます。

デニムをはくときは、メイクを抑えめに。肌にも髪にも艶を仕込んで大人の清潔感を目指しながら、自分らしく自由に楽しむのが一番だと思っています。

Style

05

ワンピース

ワンピースをまとうだけで気分は女の子

ちがや：かわいいけどラグジュアリーな素材を用いたレイチェル・コーミーのモアレ ジャカード ワンピースを主役に、スカーフのターバン使いとカシュラのレースアップバレエシューズで楽しみます。ハンドバッグはフォーエバー21。サチコ：今一番のお気に入り、イザベル マランのブラックコットンワンピース。足元はレペットのバレリーナシューズで軽やかに。

［Sachiko's］

たまには〝かわいい〟で気分を上げる頼りになる1枚を味方につけて

ワンピースは、コーディネートに悩むことなく、1枚でスタイルが決まる頼りになるアイテムです。また、女性らしく、どこか上品な印象に仕上がるのもワンピースならではの魅力です。

シンプルを極めれば、その人自身の個性が輝きますし、シーンや気分に合わせて、ヘアやメイク、アクセサリーやシューズで簡単に変化もつけられます。万能だからフォーマルにもと、シワになりにくいナイロン素材や無難なデザインに手を伸ばしがちですが、心が躍るアイテムをデイリーに使いたいですね。

今の私は写真のような開放感あるシルエットや、襟まわりのフリルにキュンとくるような、〝かわいらしさ〟が気分。クラシカルでガーリーな雰囲気が、フランスの女の子のようでワクワクします。夏は1枚で腕をまくり、ビーチサンダルを合わせて。冬には下にタートルを重ね、足元は厚手のタイツとブーツで重量感を。首にファーのマフラーを巻いたりして、アンバランスに仕上げるのが好きです。1枚をどんなふうに楽しむかイメージできれば即購入です。

［Chigaya's］

大人のワンピースは心が躍る色と上質な素材で

大人のワンピースは着物と同じ。生地の面積が広いぶん、素材の良し悪しが着心地やスタイルの印象を左右します。特にカジュアルなデザインの場合は、上質な素材のものを選んで、大人ならではの格好よさとかわいらしさを出すようにしています。

ワンピースは1枚でスタイルが完成する便利なアイテムですが、視点をほんのちょっと変えて自分流の着こなし方を楽しむことも。例えば、ボトムを重ね、ワンピースの裾からのぞかせてコート風にしたり、ベルトやスカーフでウエストをマークしてシルエットを変えてみたり。デザインによっては後ろ前に着るのも楽しい。また、ボトムに置き換えて、上にセーターを重ねたり、つなぎのようにトップス部分を腰巻きにしたり……。美容家だった明治生まれの祖母が、着物文化をもっと普及しようと襟を抜いたり、帯をわざと曲げて着付けたりして、着物を自分らしく小粋に着こなしていた姿が、私のワンピースの着こなしのお手本になっています。

足元すっきりの甘辛コーディネート

10年ほど前に購入したイタリアブランドのプリーツスカートに、ドリス ヴァン ノッテンのカシミアセーターを合わせたシンプルコーデ。今回は厚手のタイツとマルニの変形ヒールで足元をすっきりと。サチコデザインのレザージャケット、エルメスのショルダーバッグで、クラスアップ。

Style

06

ミニスカート

[Sachiko's]

軽快に歩く姿が格好いい。おしゃれマダムはミニスカートを！

「おばさんだもの、ミニスカートなんてはけません！」

そんなふうに、ミニスカートに否定的な方もいるけれど、「なんで？　年齢は関係ないじゃない」と残念で仕方ありません。ヨーロッパのおしゃれマダムは、ミニスカートで風を切りながら格好よく街を歩いているのに……。

私のファッションの基準は好きか嫌いかが第一で、流行やブランドはさほど気にしていません。大好きなミニスカートは「年だから」という理由で除外されることなく、今でもワードローブに欠かせない存在。足さばきがよく開放的で、私にとって気分をアップしてくれる大切なアイテムなのです。

冬は、厚手のタイツとロングブーツを合わせたスタイルが定番。80デニール以上のタイツなら、膝のたるみもカバーできて美脚効果も得られます。写真のようなプリーツやキュロットなど、程よくAラインになっていると、腰まわりがすっきり見えますし、足さばきがよく軽やかに歩けます。皆さんも今一度、ミニスカートを見直して挑戦してみませんか？　気持ちまで元気になりますよ。

カジュアルからドレッシーへ大胆にシフト

ステラ マッカートニーのスーツを、インナーとシューズを変えてコーディネート。右：セントジェームスのボートネックシャツとヴァンズのスリッポンでカジュアルに。左：yoshie inabaのレーストップスとワコールのランジェリー、アルマーニのパンプスを合わせ、ドレッシーで女性らしい雰囲気に。海外マダムの間では当たり前のコーディネートを、さらりとできるのが大人の醍醐味だと思っています。

Style

07

スーツ

[Sachiko's]

おしゃれの王道を知る私たち世代こそもっと気軽にスーツを楽しんで

かつては大人を象徴するおしゃれアイテムだったスーツですが、最近ではビジネスシーンでの制服的な印象が強くなっているように感じます。でも、私のワードローブでは、昔も今も出番が多いアイテムです。

アンサンブルで着ればワンピースのように1着でサマになり、きちんと感を出せるのでフォーマルなシーンでも頼りになります。写真のようにインナーとシューズを変えてアレンジできる手軽さもスーツならでは。また、ジャケットとボトムを別々に使えば、カジュアルな装いにもマッチします。たとえボトムがダメになってもジャケットだけで着られるので、冬物は10年選手が当たり前。流行り廃りのないデザインを選べばより長く着られますし、年齢制限もありませんから、ちがやさんと共用しているものも多いのです。着まわしというより、いろいろな〝着方〟を楽しめるのがスーツの魅力ですね。

クローゼットに眠っているスーツがあるなら、久しぶりに袖を通してみましょう。今の気分でコーディネートすると新しい魅力に気づくかもしれません。

コートが主役の大人カジュアル

ノーブランドのTシャツとレッドカードのデニム、ジル・サンダーのシンプルなスニーカーで引き算スタイルにし、素材とデザインが秀逸なセリーヌのコートを主役に。ハンドバッグはアーツ＆サイエンス、ピアスはシャルロット シェネ。

Style
08
コート

[Chigaya's]

シンプルでドレッシーな1着をカジュアルに着こなす楽しみ

コートはファッションアイテムの主役。

ヨーロッパでは、格式高いレストランを訪れると、コートによって席を決められることも多く、コートへの意識がとても高いと言います。そんなふうに、いいコートを1着持つことは、大人の嗜《たしな》みなのかもしれません。

大人仕様のエレガントなコートを着るときは、コーディネートやヘア・メイクをミニマムに。削ぎ落としてシンプルにすることで自身の個性が引き立ち、自然にクラスアップされます。これこそ、大人のおしゃれの醍醐味。特に冬のスタイルはコートが主役になるので、素材にもしっかりこだわってお気に入りの1着を持ちたいものです。

私の好みは濃紺のコート。濃紺は日本人の肌色をよりきれいに見せてくれる色。真の美しさを引き出してくれるような高貴なエネルギーを感じます。コートをさらっと羽織って、中はTシャツとデニム。なんて、ちょっとキザな格好は、年齢が高い女性ほど素敵に見えます。

Style

09

フラットシューズ

エレガントなアイテムで大人感を

上品にスポーティなエッセンスを取り入れられるイセタンサローネ オリジナルのスニーカー。セントジェームスのボーダーシャツとマカフィーのホワイトデニムパンツでカジュアルに、ニット素材のコーヘンのジャケットとデルヴォーのハンドバッグで上質感をプラス。

私の足に似合う靴コレクション。右から、レペットのバレエシューズ（ホワイト、ブルー）、トッズのローファー、プリティ・ローファーズのスエードパンプス、シャネルのベルベットショートブーツ。

［Sachiko's］

デザインや履き心地がよく〝足に似合う〟1足を探す

仕事でもハイヒールを履いていた時代がありましたが、今は歩きやすいフラット派。スニーカーやレースアップ、ブーツなどを、シーンに合わせて使い分けています。なかでもバレエシューズでおなじみの「レペット」は、20代の頃にパリで出会ってからのお付き合い。歩きやすさを兼ね備えたシンプルなデザインが好きで、色や素材違いで10足以上は所有しています。

私の靴選びの基準は〝自分の足に似合う〟もの。こう言うと靴屋さんに笑われますが、どんなに素敵なデザインで履き心地がよくても、足に似合わないものは履きたくありません。靴のデザインやボリュームと膝下とのバランスがよく、足がきれいに見えるものこそ、自分の足をおしゃれに飾ってくれるのです。

Style
10
デザインシューズ

1点で華やかになる
カラーブーツスタイル

ビビッドな色と柄は顔から離し、下半身に使うとバランスが取りやすいもの。ドリス ヴァン ノッテンのベルベットショートブーツとスカートを、キャバンのシンプルなトップスで中和。手元にはエルメスのミニケリー、エルメスのバングル、ミハラヤスヒロのバングル風リストウォッチを。

右から、シャーロット オリンピアのミュール、セリーヌのサンダル、ジル・サンダーのスニーカー、マルティニアーノのショートブーツ、ドリス ヴァン ノッテンのショートブーツ。

［Chigaya's］

ベーシックからトレンドまでスタイルに合わせてセレクト

自他ともに認める靴フェチですが、靴を選ぶときはまず素材に目がいきます。肌になじむような素材感が好きで、とりわけスエードやハラコ、ベルベットは、素敵なものと出会うたびに新調してしまうほど。10代のときに購入したデザインシューズも大切に履いていますが、今はベーシックからトレンドまで、シーンや気分、その日のスタイルに合わせて楽しんでいます。

また、かつてサチコさんが履いていたクラシカルなパンプスを譲り受け、モードな洋服に合わせて履いたり、私の中でヒールはまだまだマストです。フラットなシューズで元気よく歩くのが一番ですが、美しいデザインのパンプスは、例え履けなくなったとしてもそばに置き、きっと眺めていると思います。

Accessory

小物はハイ&ローの使い分けでコーディネートに変化をつける

人は年を重ねたぶんだけ、自身のパーソナリティができていきます。おしゃれは〝トータルで捉え〟、また〝引き算〟が大事とお話ししましたが、特に大人のおしゃれは、その人のパーソナリティやストーリーを引き立ててこそ、成立するものだと思います。それは若い人には出せない、大人ならではの魅力。

ですから、洋服に頼る必要はありません。むしろ削ぎ落としたくらいがちょうどいいのです。そして、装いをシンプルにするぶん、小物で遊ぶのがおすすめです。

小物は装いを彩るだけでなく、気になるシワやシミをカバーしてくれる役割も。上手く取り入れれば一石二鳥の効果を得られます。例えば、手のくすみは指輪の輝きで、首のたるみはネックレスの動きで視線をそらすことができます。スカーフを巻いたりして華やかに隠すのもいいですし、帽子は髪の悩みをカバーしてくれます。全身鏡を見ながら全体のバランスを取り、トータルで何が必要か考えてみましょう。私の場合は、一度つけてみてしっくりこないと、どんどん外してしまうため、結局は「シンプルが一番！」と、1点使いになることもよくありますが、ひとつあるだけでおしゃれ感がアップします。

「大人なら小物こそいいものを」。

そんな声をよく聞きますが、私もちがやさんも、小物こそプチプラアイテムを取り入れたほうが、コーディネートが楽しくなると思っています。大人なのですから、わかって活用していればOK。むしろ、いいものだけをこれ見よがしに身につけているより、ずっと格好いいと思います。お値段やブランドに関係なく、自分に似合っていればそれでいい。高価なバッグもジュエリーも、所詮〝物〟なのですから、そこにこだわらないのも大人なのではないでしょうか。

もちろん、ブランドものには、ブランドにしかない品格や品質、デザインのよさがありますから、それに頼るのもファッションのひとつの楽しみ方。私も「ここぞ！」というシチュエーションでは、自然に手が伸びます。

どちらにしても、自分のワードローブを考えて上手に使い分けると、コーディネートの幅も広がります。

「これを持っていたら、おしゃれが楽しくなる！」。

いつまでも、そんな〝ときめき〟を大事にしたいと思っています。

私も若い頃には、たくさん失敗してきましたが、そういう時を経て今の自分に必要な小物に出会えるのです。おしゃれはたくさんの〝経験〟が必要。その一つ一つの積み重ねが、これからのスタイルに活かされていくのです。

定番と遊べるものをバランスよくそろえて

右上から時計回りに、ジル・サンダーのショルダーバッグ、サチコさんがNYで購入したノーブランドのポシェット、サチコさんが40年愛用しているエルメスのミニケリー、メゾンアルマのバケツバッグ、祖母からのパリ土産のスパンコールショルダー、カルト ガイアのARKバッグ、アーツ＆サイエンスの3WAYバッグ、30年前に購入したデルヴォーのハンドバッグ、中央はロエベのかごバッグ。

Accessory

01

バッグ

Chigaya

洋服やライフスタイルに合わせて自分らしい使い方を見つける

バッグは持つ人を表すもの。

例えば、サチコさんは好き嫌いがハッキリしていて、好きなものをとことん使うタイプ。お気に入りのデルヴォーのハンドバッグは30年以上愛用し、ちょっとしたお出かけからフォーマルまで、さまざまなシーンで登場しています。ひとつのバッグでワンシーズンを過ごすことも多く、愛着度がひと目でわかります。そのせいか、彼女のバッグ一つ一つには素敵なストーリーが刻まれていて、その話を聞くのもワクワクします。

私はというと、靴と同じくらいバッグが大好き。ファッションに合わせていろいろなものを持ちたいので、軸になるスタメンを決めて、かごバッグや布バッグ、そのシーズンのトレンドバッグなどをプラスして楽しみます。

バッグこそ流行があるので、いいものほど仕舞い込まず、旬のときにどんどん使ったほうが魅力を活かせます。大きなエコバッグでも、そのときのお気に入りをアクセサリー感覚で持てば、その日一日が楽しくなります。

ストローハットで
夏の装いが輝く

使うほどに味わい深く育つジャネッサ レオンのストローハット。職人の手作業で生まれる編み目が美しく、エレガントな雰囲気を醸し出します。Tシャツとデニムのカジュアルコーデに加えるだけで、おしゃれになる私の定番。

右から、帽子デザイナー、故平田暁夫先生のお店「ブティック サロン ココ」で購入した宝物の、石田欧子さんデザインのストローハットとオーダーしてつくっていただいたインパクトカラーのハット。どんなスタイルにもフィットするニューヨークハットのキャスケット。

Accessory

02

帽子

Chigaya

帽子を積極的に取り入れて シンプルな洋服を素敵に装う

何でもないスタイルでも、帽子をかぶるだけで一気におしゃれになる。帽子にはそんな不思議な存在感があります。帽子をかぶると決めているときは、洋服は極めてシンプルに。帽子を主役にすると、いつもと違う視点でコーディネートを考えられるので、スタイルの幅が広がります。

帽子を選ぶときは、「似合わないかも？」と思っても、まずはどんどん試して慣れることが大切。帽子からこぼれる髪の毛の流れやまとめ方などで、顔に陰影をつくることができると、顔の形がシャープに見えたり、グッと女性らしく見えたりします。

日本人はハチが張っていて顔が大きいため、少し小さめを選ぶと小顔効果があると言われていますが、かえって少し大きめを選んだほうが、顔のシワやシミをカバーしてくれます。また、大きめサイズを選ぶことで、ヘアスタイルが崩れにくくなるのも利点です。サイズアップして帽子が緩いときは、内側にサイズ調整用のテープなどを貼って使うのも、ひとつの方法です。

グリーンのフレームで明るく軽やかに

最近、出番が多いレイバンのメガネは、グリーンのアイメイクをしたように顔の印象が明るく見えるので、コーディネートを軽やかにしたいときによくかけます。

右：メガネコレクションの一部。上から、アルマーニ、ジャンフランコ フェレ、メガネ職人手づくりのゴールドフレーム。左：愛用のサングラス。上から、マーク ジェイコブス、レイバン、アルマーニ。

黒のシンプルなフレームは、アイメイクのように目力をアップしてくれる便利な一面も。どんなスタイルにも合うので、ついつい手が伸びます。

Accessory

03

メガネ

Sachiko

アイメイクのように衰えた目元を魅力的に演出

40代後半に老眼になり、メガネ女子に仲間入り。子どもの頃からメガネに憧れていたので、とてもうれしくて……すぐに赤いメガネを誂《あつら》えました。以来、いろいろなメガネをかけては楽しみ、今では「サチコさんといえばメガネ」と言われるように。メガネがキャラづくりにひと役買うことを実感しています。

もうひとつ、メガネをかけるようになって気づいたのは、メガネはアイメイクのひとつになるということ。フレームの色や形がアイシャドウやラインを引き立ててくれて、かけるだけで立体感が生まれます。アイメイクが面倒なときに、メガネでカバーすることも可能。また、年を取ると、顔がきつく見えたり、迫力が出てきますから、丸いラウンド型を選ぶと印象を柔らかくできます。反対に目力が弱くなってきたら、個性的なデザインを選んでパワフルな目元に。こんなふうに、メイクと同じように考えると、楽しみが広がります。

メガネもファッションの一部。洋服の色やテイストに合わせてかけられるように、数本持っていると便利です。おしゃれメガネでファッションアップを。

Accessory

04

ジュエリー

Chigaya

バングルはシルバーのゴツめのものやターコイズのものが合わせやすく出番が多め。ピアスはモチーフのものや線が細い女性らしいデザインなどいろいろあります。

バングルやピアスは少し大きめが今の気分

アクセサリーの中で、私たちが共通して好きなのはバングル。ともに、洋服の色やテイストに合わせて、太めのものを重ねづけするのが定番です。

年齢が出る手の甲のカモフラージュにもなりますし、引き算したシンプルなスタイルには、インパクトのあるアクセサリーのほうが、簡単に変化をつけられて便利です。

ショートカットの人やヘアをアップにする人は、イヤリングやピアスがフィットしますが、耳元もやはり少し大きめのものがおすすめです。なかでも揺れるタイプのものは、小顔効果もありますし、顔まわりが華やかになって若々しい印象を与えるなど、メイクのような演出効果を発揮します。

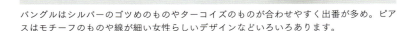

Accessory
05
スカーフ

Sachiko

ハイブランドから織物作家、カジュアルブランドのものまで、少しずつそろえてきたコレクションの一部。洋服は無地が多いですが、ストールやスカーフは色や柄を楽しみます。

女性を輝かせる大人のニュアンスを

実家がハンカチやスカーフの卸問屋なので、スカーフへの愛着とこだわりは人一倍強いと思います。だからでしょうか、柄や風合いを無視して畳んだり結んだりすることに抵抗があり、テキスタイルの持ち味や素材の風合いを活かし、サラリとまとうように使うほうが好きです。首まわり以外にも、頭に巻いたり、ボトムのウエストやポケットに挟んで垂らしたり、バッグに結んだり、動きのあるスカーフの美しさを楽しんでいます。また、肩に掛けるだけでも洋服をゴージャスに見せてサマになり、素材によってクラス感を演出したり、小粋に使えます。

1枚の布ですから難しく考えず、自由な発想で楽しんでいます。

Accessory

06

下着

Sachiko

洗練された大人の女性は下着にこだわる

おしゃれの経験を積んだ大人の女性は、洋服の下の見えない部分、下着にもこだわりを持っているもの。

下着は、外見を演出する洋服やメイクとは違い、極めてプライベートな要素の強いアイテムです。大人のメイクでベースメイクが大切なように、ファッションの土台になるのが下着です。大げさに言えば、自分に合ったいい下着を着けていれば、体型をカバーしたりキープしてくれるので、洋服は何でもいい。それくらい下着は大人の女性にとって大切なアイテムなのです。

若い頃でしたらデザイン優先の見せる下着でもいいけれど、いろんな試練を乗り越えた大人の女性には、見た目よりフィジカルに優しい素材が大切。肌に直接触れるものですから、着心地のよさは大前提。加えて、自分の体のシルエットがきれいに見えるような機能性に優れ、気持ちまでアップしてくれるものが最適です。

「普段使いほどいいものを身に着けたい」と、私たちも多くのブランドのさま

右から、柔らかなストレッチ素材と胸元の美しいカッティングが人気のカップ付きキャミソール。縫い目がなくアウターにひびかないコットンシームレスキャミソールとショーツ。

ざまなデザインを試してきました。そうして出会えたのが、スイスの歴史あるアンダーウエアブランド「ハンロ」。世界のセレブにも愛されている素晴らしいブランドです。

写真はハンロのベーシックなアイテム。華やかなランジェリーと比べると見た目はシンプルですが、洋服にひびくことがなく、美しいボディラインを演出してくれます。上質な天然素材は軽くてしなやか。通気性もよくノーストレス。着心地のよさはさすがの一言です。仕立てのいいものは洗濯を繰り返しても型崩れしにくく、長く愛用できるので、少しずつそろえて楽しんでいます。

もうひとつ、ワコールのラグジュアリーブランド「ワコール ディア」もお気に入り。

洋服が決まっていても、下着がイマイチでは気分にもひびきます。また、いい下着を着けることで、自然と所作が美しくなったり、体づくりへの意識が高まったりもします。年々低下していく女子力のスイッチも再び入ることでしょう。

Color

黒に近いネイビーで おしゃれに、そして若々しく

私は、メイクアップという〝色〟を扱う仕事を通して、60年近く色と向き合っています。こうして長年、色と対峙していると、色が〝ものを言う〟のがわかるようになります。例えば、ブルーにオフピンクを合わせると「平凡な色使いね」と言われているようですし、逆に、絶妙な組み合わせをすると、色がうれしそうに反応しているのがわかります。皆さんにも経験があるはずです。鏡の前に立ったとき、着ている洋服の色がどうもしっくりこないと感じることが。それは、色があなたに「ちょっと違うわよ」などと教えてくれているのです。

もっと〝色の語り〟に、耳を傾けてみませんか？

ファッションでは〝色〟はとても大切な要素です。

特に、年齢を重ねた人ほど、色選びには慎重になりたいもの。一歩間違えると、とても老けて見えたりしますから……。

例えば、年齢が高くなってくると、あえて明るい色を着る人もいるでしょう。白髪の人はなおさらで、派手な色合いの洋服を好んで着る傾向があるようです。

でも、自分自身が白髪になって痛感していることですが、例えば白髪で明るいパステルカラーの洋服を着ると、なんだかぼやけてしまう……。かえって老けて見えるのです。

私の実感から言うと、年齢を重ねた人がビシッと決めたいときは、黒に近いネイビーをまとうのが一番。若いときに黒を格好よく着ていた人でも、黒より少し優しいネイビーが似合うようになります。ネイビーにもほかの色と同じように、赤み、青み、黄色みなど、さまざまなトーンがあります。その中から、自分の肌色に合うものを選べばいいのですが、これはもう実際に着てみるしかありません。素材も多種多様ですが、ネイビーは素材感がリアルに出ますから上質なものを選ぶのが賢明です。


色は本当に不思議な力を持っています。似合う色を着てビシッと決まると、自分自身とても気持ちがいいものです。大好きな色をまとうだけで気分が高揚してきたりもします。

そう、色は心にも影響を与えるのです。例えば、赤や黄色は〝元気色〟と言われますから、「元気を出したい！」と思うときにワンポイントで取り入れたり、思い切ってジャケットやコートで冒険してみると新しい自分を発見できたり。気分もアップします。

ちなみに、自分に似合わないけれど好きな色や、ビビッドカラーなど着慣れない色は、顔から離れたボトムや小物に取り入れるといいでしょう。また、トレンド色なら、口紅からトライするのがおすすめです。

Sachiko's Coordinate Diary

お仕事でお披露目したコーディネート。普段はほとんどはかないプリントパンツにファーを肩掛け。ブルーのニットは素材と色に惹かれて購入。

作品を一緒につくったフォトグラファーの個展へ。カジュアルの定番、セントジェームスのボーダーシャツとブラックデニムにジャケットできちんと感を。

白シャツに黒のボウタイでサンローラン風に。レザーのミニスカートは、厚手のタイツで足元を引き締めてスタイルアップ。

ホワイトパンツは足首を出してメリハリをつけ、軽やかに。まだ肌寒い春先でもライダースジャケットを肩に掛け、おしゃれに出かけたいです。

フレンチレストランでちがやさんとお客さまを迎えて新年会。ふたりとも、ブラックでドレッシーにまとめ、ホストとしてのオケージョンを大切にします。

チェックのショートコートとグレーのワンピースはパリの友人、IRIEくんがデザインしたもの。レッドのハットは冬のお出かけを楽しくしてくれます。

プライベートでは、シーンや一緒にお出かけする相手に合わせた、シンプルなコーデが基本。お仕事スタイルは、ちがやさんコーディネートで華やかに。

白と黒のボーダーニットにライダースジャケットを肩掛けし、ショートバケーションへ。着回し可能なデニムパンツは旅の必須アイテムです。

久しぶりに孫とランチへ！　赤いVネックのトップスにピンクのプリーツスカートを合わせたカラーコーディネートは、元気を出したいときの定番スタイル。

トークイベントの初日スタイル。ドレッシーで清潔感のある白のコートドレスとホワイトブーツでお客さまが待つステージへ。

プレスパーティへ。タートルとパンツを合わせたシンプルスタイルに、以前から着ていたファーをリメイクしたコートで少しだけドレッシーに。

旅をテーマにしたお仕事でのコーディネート。シルク素材のガウンとパンツに、相性がいいコットン素材のシャツを。旅にぴったりのアイテムたちです。

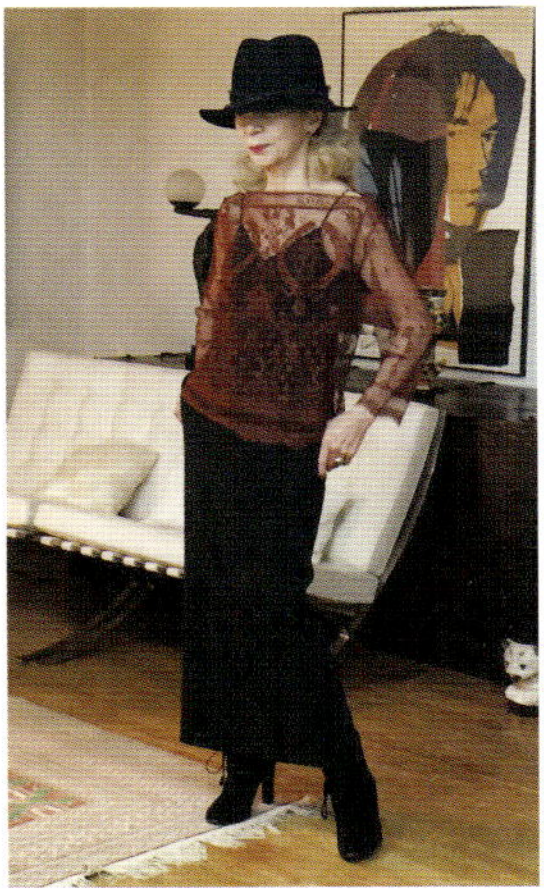

エルメスの繊細なシースルーブラウスに、ウールのロングスカートとスエードブーツを。ボルドーとブラックの大人の女性らしいコーディネート。

Chigaya's
Coordinate Diary

公園の帰りに愛犬友達とテラスランチへ。鮮やかな赤いニットとデニムなら、おしゃれ感もありつつ、汚れも怖くない！　万能スタイルなのです。

コットンのブラックドレスにきれいめなスリポン、かごバッグで軽めのホテルランチへ。ヘアはレザーバレッタで顔まわりを引き締めて。

心が躍る華やかなワンピース。ヘアをきちんとまとめることでワンピースが主役になり、上品に仕上がります。

次男と友人が主催する個展のオープニングパーティへ。黒系のスタイルに飽きてきたら、こんなプリントドレスを投入し、華やかなスタイルを楽しみます。

真冬の愛犬とのお散歩は、ウクライナ生まれのとっても温かいダウンの出番。ポップなキャンディカラーは気分も上がって楽しく歩けます。

仕事の合間にサチコさんとショッピング。ボーダーシャツにピンクベージュのウールニットとエレガントなパンツを合わせ、足元はスニーカーで軽やかに。

ベーシックなスタイルだけでなく、気分に合わせて遊び心のある柄ものやカラーを取り入れています。もちろん、ヘアスタイルとメイクも必ず変えます。

大好きなお蕎麦屋さんへ。全身黒のコーディネートでも、鮮やかな黄色を１点プラスするだけで、軽快でオリジナリティあるスタイルに変わります。

サチコさんと一緒に撮影。顔映りのいいホワイトトップスとシンプルなアクセサリーでシルエットをタイト気味に。

次男の卒業式。大切な日を飾る装いは、華やぎのある漆黒のセットアップ。ヘアもメイクもミニマムにまとめ、落ち着き感と上品さを大切に。

初冬のテラスランチは、ファーベストの出番。インナーにカシミアニットを重ねて温かく。ヘアは小さくまとめ、細めのチョーカーで小顔効果を。

上質コットンのピンクのワンピースは、リゾート気分を盛り上げてくれるお気に入り。もちろん、都会でも普段着からパーティまで着れるので夏の定番に。

着物は大好きで結婚式やパーティでも積極的に着るようにしています。新年会のこの日は、白無地の結城の着物と鷺をあしらった西陣織の帯で。

Sachiko's
Column

着物という日本の伝統衣装の美しさ

日本人を一番美しく見せる着物は
いつの時代も大人の女の勝負服

　東京・日本橋の下町育ちの私は、日本舞踊やお茶、長唄などのお稽古ごとを通して、自然と着物の着方や、立ち居振る舞いが身につきました。

　美容家として仕事をするようになってからは着物好きが高じ、京都の呉服屋さんで「さちこ好み　見返り小町」というブランドの色無地・二十四色の着物を、小物までトータルにデザインさせていただいたこともあります。

　それまで着物はよく着ていましたが、若い頃には粋な先輩から「洋服的な色彩感覚ね」と言われたこともあり、このとき改めてデザインと向き合ったのを覚えています。和の多彩な色合わせや、削ぎ落とされながら生まれた図柄の美しさなど、学ぶべきことがいろいろあり、とても有意義な機会でした。

　今では、生活様式の変化や仕事柄、着物を着る機会や場がめっきり少なくなりました。特別なときにしか袖を通すチャンスに恵まれず、とても残念に思っています。

　日本の着物は、洋服のような立体構成ではなく、一枚布を紐で着付ける美しさが魅力です。それだけに、着方や組み合わせ方など、その人らしい個性が演出できるのです。

　着慣れていない人は、着物というだけで身構えてしまうかもしれませんが、昔の女性たちのおしゃれな文化が、時代時代で花開き、それは洋服文化と同じこと。所詮、着るものですから、もっと気軽に、そして自由に楽しんでほしいと思います。

　もちろん、伝統衣装ならではの決まりごと

はたくさんあります。でも、実際に着物が日常着だった、私の祖母や母たちの着方は、皆それぞれに個性的で、その人らしい創意工夫が込められていました。

それがまた格好いいのです。

着物は日本女性を一番美しく見せてくれる衣装であり、〝大人の女の勝負服〟。私も「ここぞ！」と思うときには、着物を着るようにしています。

例えば、元旦の顔合わせは着物と決めていて、年の初めに小紋や結城《ゆうき》の着物をまとうと、「日本人でよかった」としみじみ思います。一年を締めくくる忘年会でも、着物を着てお世話になった方々をおもてなしする機会があります。

夏の花火大会も、浴衣ではなく、夏結城や絽《ろ》を涼しげに着て、江戸前の凛とした装いで決めるのが、私らしくて好きです。

また、白髪などで髪色が変わると、同じ着物でも違う雰囲気が出せるようになります。

年を重ねながら自分らしい着方や楽しみ方が増えていくのも、日本の伝統衣装の素敵なところです。

若づくりを卒業できたときから
本来の自分が輝くのよ

ドキドキすることは大切なこと。毎日を全力で楽しみ切る

Chigaya

Hair & Make-up

大人には艶感が大事。艶を出すことで若々しさが増す

大人のおしゃれの理想は、さりげなく上品で、若々しく見えること――。

その理想を実現するために、私たちは日々、お客さまにいろいろなアドバイスをさせていただいています。そして、本書でも、読者の皆さんが理想に近づけるよう、ベーシックなおしゃれの提案をしています。

ここで言う〝おしゃれ〟は、洋服選びのことだけではありません。お伝えした通り、私たちが思う〝おしゃれ〟には、ヘアもメイクも含まれています。

さすがに、毎日同じ洋服を着る人はいないはず。「今日は何を着ようか」と、誰でも迷われていることでしょう。それなのに、ヘアとメイクはいつも同じ人が多いような気がします。「ここぞ」という大事な外出のときも、ちょっとそこまでの買い物のときも……いつも同じヘア・メイクをしていませんか？

おしゃれはトータルで考えるもの。ヘアもメイクも、その日の洋服や、シーンに合わせて変えることが大切です。

その視点で言えば、洋服やシーンだけでなく、自分が年齢を重ねていることさえ忘れている人も少なくありません。

特にメイクに言えることですが、年齢を重ねて自分の顔立ちや雰囲気が変わっているのに、昔のままのメイク法や色を使い続けている人も多いのではないでしょうか。

眉の形やリップラインにはトレンドがあります。もちろん口紅やアイシャドウ、チークなどの色やテクスチャーにも流行がありますし、若い人に似合っても、大人の肌質や肌状態には合わないものもあります。また、ずっと同じ色やテクスチャーを使っていると、少し古い感じになってしまうことも……。

洋服と同じように、ヘアやメイクもときどきは見直して、トレンドを取り入れつつ、そのときの自分に一番ふさわしいものや色をチョイス。同時に、洋服やシーンに合わせる意識も大切です。

また、50代以上の大人には、〝艶感〟が大事だということを忘れずに。ヘアもメイクも、上手に艶を出してあげることで、印象がガラリと変わり、上品で若々しく仕上がります。

そして、艶のあるヘアスタイル、メイクをするためには、毎日のお手入れも大切です。Lesson3でご紹介している日々のケア方法を参考に、健やかな髪と肌を育みましょう。土台になる髪と肌が元気であればこそ、理想のヘアスタイルやメイクをつくることができ、芯から輝く艶が生まれるのです。

Hair & Make-up

01

ポイントメイク

[Sachiko's]

足りない部分を補って整える大人のアイメイクとリップメイク

くっきりのアイラインや、つけまつ毛で盛ったアイメイクは、かえって老けた印象を強調します。年齢が上がるにつれ、まぶたの皮膚がたるんできますから、そこにラインを入れてもきれいに引けません。ラインだけ入れると目尻などのシワ感を際立たせてしまうので、足したい部分だけにパウダーシャドウをのせ、ペンシルで軽いラインを入れてぼかしながら仕上げるのがコツ。

顔の印象を左右するのはアイメイクと思われがちですが、実はリップメイクのほうが重要です。ポイントは、口紅を塗る前にしぼんでしまった唇の輪郭や厚みに、柔らかなペンシルを入れて整えること。きれいに輪郭を描いてから色を重ねれば、表情がパッと華やぎます。私は髪色をホワイトブロンドにしてから、顔にインパクトと優しさを出すために、アイメイクよりリップメイクにポイントを置くようになりました。

いずれも、大切なのは盛るのではなく補って整えること。鏡を見ながら自分の顔と向き合い、なりたいイメージに足りない部分を確認しましょう。

Sachiko's Point

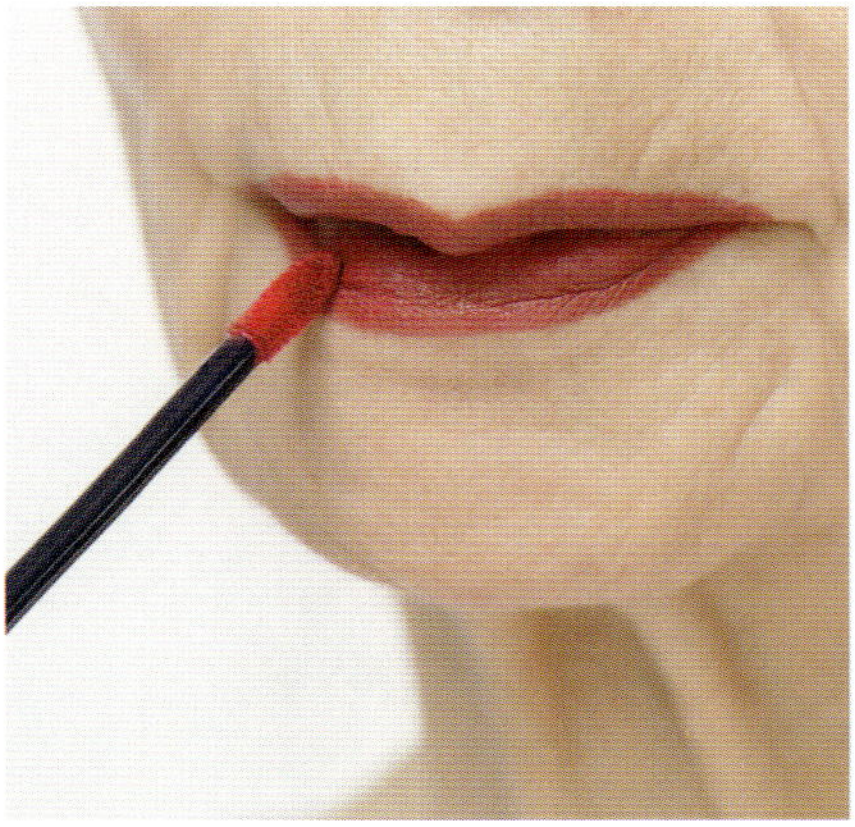

ペンシルで下塗りして縦ジワ防止

油分の少ないペンシルで口角からリップラインをしっかり引いて下塗りし、ラインの少し内側に口紅を重ね、ティッシュオフ。下塗りすることで、唇の縦ジワに口紅が入り込まず若々しい口元に。

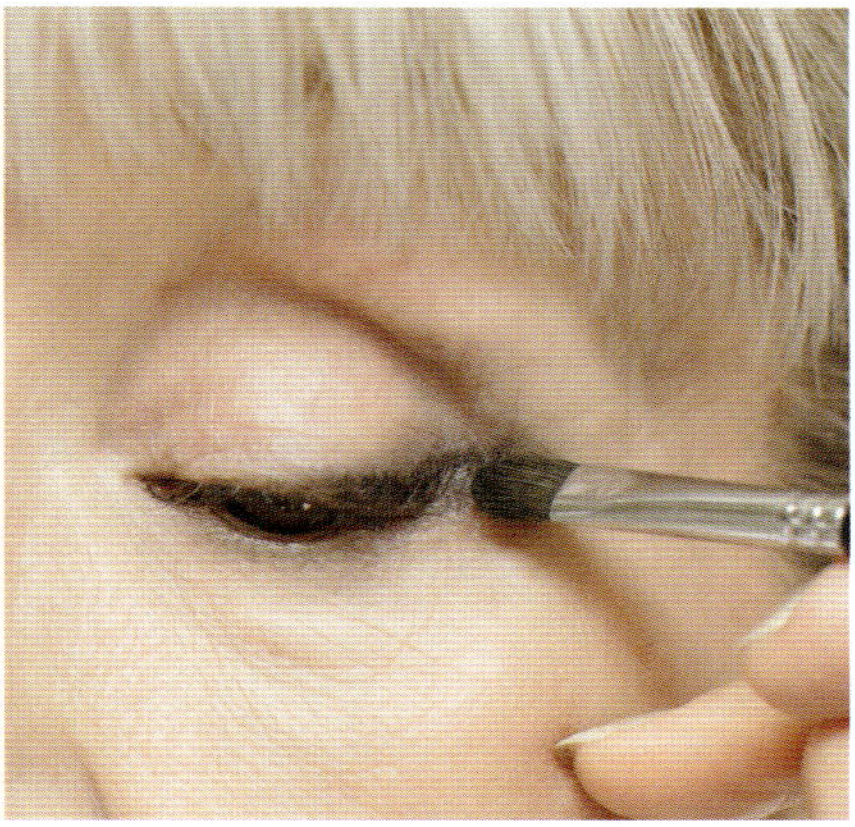

陰影を入れながら目尻を伸ばす

ダークカラーのパウダーシャドウをブラシに取り、黒目の中央から目尻に向かって引きます。眉に合わせて目尻を伸ばすと印象的な目元に。はね上げず、上まぶたの角度のまますっと伸ばしましょう。

愛用口紅&ペンシル

口紅は細やかに描けるリキッドタイプを。ペンシルは油分少なめで柔らかいものを選んで。

右から、ディオール ルージュ ディオール リキッド　ミステリアス　マット、サーベジ マット、無印良品 木製ペンシル（リップライナー）ローズ

愛用アイメイクアイテム

パウダーシャドウは吸着力があり伸びがいいものを。ブラシは柔らかな天然素材の先が丸い平筆を。

右から、ゲラン テラコッタ コール アイライナー（販売終了品）、イヴ・サンローラン アイライナー、アイシャドウブラシ、ディオール サンク クルール（アイシャドウ）

Hair & Make-up
01
ポイントメイク

［Chigaya's］

アイブロウとチーク使いで顔の緩みをクイック補正

年齢を重ねると顔は下がり、面長になっていくもの。そんな輪郭はアイブロウやチークで、カモフラージュが可能です。例えば、年齢感が出る薄い眉は少し太めに整えて元気な印象に。こんなふうに、眉の描き方次第で顔の印象はガラッと変えられます。トレンドはありますが、年齢が上がると表情がきつく見えるので、眉山はなだらかに。1本の線ではなく毛を足すように描くと柔らかな雰囲気に仕上がります。さらに、眉の下の部分に少しだけ影を入れると、ニュアンスが生まれて今どきの眉に。色はその日の洋服に合わせて選びましょう。

もうひとつ、顔の補正効果があるチークは、さっとひと塗りするだけで血色よく見せると同時に、ぼやけたフェイスラインを引き締めてくれます。さらに、シミを目立たなくするほか、ねりチークなら艶感もアップ。テラコッタ系を使って、日焼けしたような健康的な肌色も演出できます。

年齢とともに顔の形は変形していきますが、アイブロウもチークも今の顔に合わせてアップデートさせれば、仕上がりが確実に見違えます。

Chigaya's Point

チークをさっとひと塗りで大人顔

チークは骨格に合わせて頬の少し高い位置に入れます。パウダーなら大きなブラシでふんわりとのせ、ねりチークの場合はファンデを塗る前に軽めに仕込んでおくと自然な血色感が生まれます。

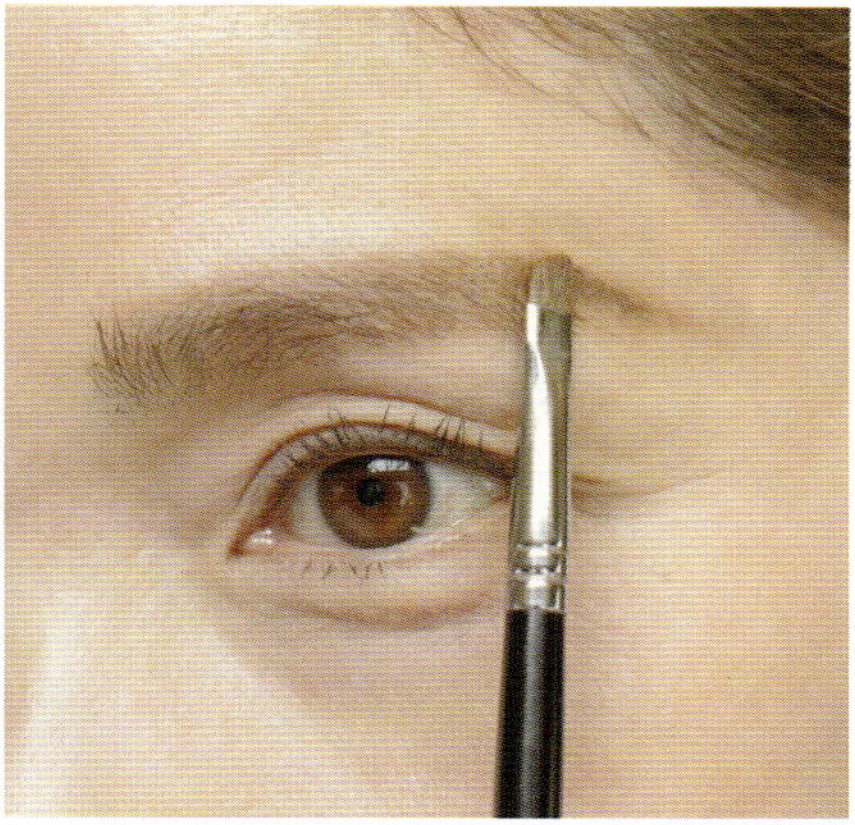

眉の基本は描いてぼかしてなじませる

描きたい形をイメージし、眉山から描きます。毛流れに沿って描いたらスクリューブラシでぼかします。仕上げに眉マスカラを眉頭を立ち上げるように塗れば、キリッとした目元になります。

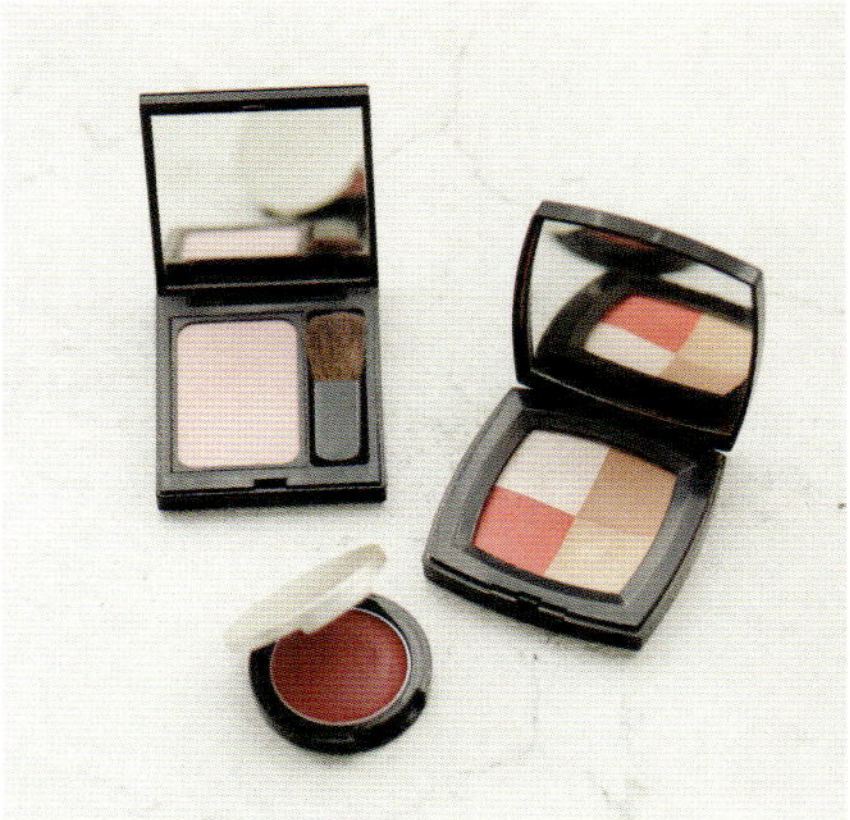

愛用チーク

ねりチークは艶感を出しやすいのでマスト。パウダーも透明感と艶が出せるタイプを数色そろえて。

右から、シャネル ココ コード、エトヴォス ミネラルクリアリップ&チーク、MiMC ビオモイスチュアチーク

愛用アイブロウアイテム

アイブロウパウダーは茶系や紫系などをグラデーションでそろえておくと、使い分けができて便利。

右から、フーミ クリアマスカラ、ディオール スルシィル プードル、エテュセ ペンシルブローライナー、お気に入りの色を集めたオリジナルパレット

Hair & Make-up

02

ヘアアレンジ

[Sachiko's]

理想のアップスタイルに。サチコヘアのつくり方

76歳で髪色をホワイトブロンドにしたことで、軽やかなロングヘアが楽しめるようになりました。今ではアップスタイルも板につき、その日の気分やファッションに合わせてアレンジするのが、日課です。

白髪でエレガントなアップスタイルをつくるポイントは、ボリューム感と毛流れです。特に顔まわりをふわっとさせると若々しく、顔の表情を優しく見せる効果があります。ですが、年を取ると髪が痩せて細くなり、思うようにまとまらないこともしばしば。そんなときにおすすめなのが、ホットカーラーです。カーラーにきっちり巻くだけで簡単に根元を立ち上げられて、流したい方向に毛流れを整えることができるので、私は毎朝使っています。ドライヤーを当てて形をつくるマジックカーラーでもいいですが、ホットカーラーならドライヤーいらずでお手軽。キープ力も高くて便利です。

このひと手間で、美しい毛流れのふんわりヘアに。髪もまとめやすく、カーラーのあとは1分でイメージ通りのスタイルをつくることができます。

Sachiko's Point

毛流れに沿ってカーラーを巻く

髪全体に軽くセットローションを吹きつけます。巻き方、向きは、スタイリングを意識した毛流れに沿い、フロントは根元が立つようにテンションをかけながら巻きます。

カーラーを外して手でほぐす

カーラーをすべて外して手でさっとほぐします。カーラーで巻いたあとはブラシを使わないこと。毛流れとカールを利用して上手にまとめます。

毛先が上になるようにまとめる

手で髪を下からすくい上げ、後頭部あたりでひとつにまとめ、毛先が上になるようにくるくるっとひねります。顔まわりがふんわりするように少し緩めにまとめながら、毛束と毛流れを整えます。

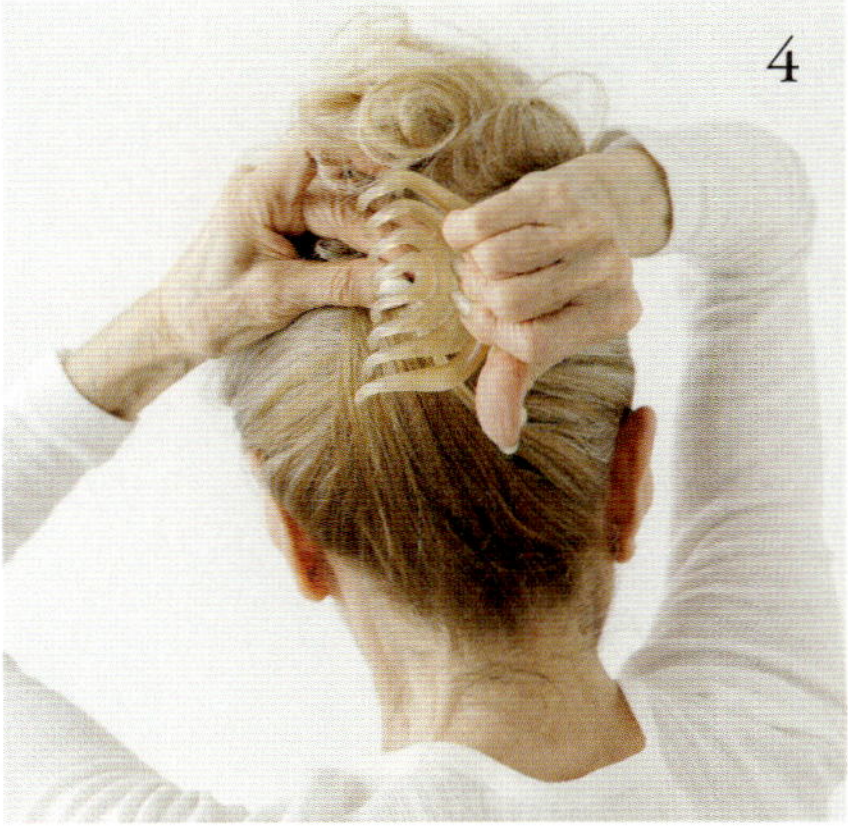

バレッタで留めて毛先で遊ぶ

毛先のカールを潰さないようにトップで遊ばせ、バレッタで留めます。毛先の動きなどを整えてスタイリングスプレーで軽く固定します。

Hair & Make-up
02
ヘアアレンジ

［Chigaya's］

おしゃれ上手はアレンジ上手。大人は洋服よりヘアで遊ぶ

洋服をバッチリ決めたつもりでも、鏡に全身を映してみると、なんだかしっくりこない。そんなときはヘアスタイルを見直してみましょう。

ショートヘアは、ぺたんと張りつかないように、前髪の流れや頭頂部のボリュームを足してふんわりと。ロングヘアは、頭が大きく見えないように小さくまとめ、清潔感あるスタイルに。ミディアムヘアは、毛先がパサついて見えないように、オールマイティに使えるワックスなどを毛先にすり込んでウエット感を演出。洋服やメイクとのバランスをチェックしながら、最後にアレンジを加えて整えると、おしゃれ感がアップします。

ヘアアレンジは、洋服やメイクと合わせてトータルで考えることが大切ですが、実は髪を洗ったあとから始まっています。乾かす段階でつくりたいヘアスタイルになるように、ドライヤーやホットカーラー、ヘアアイロンを上手く取り入て。まとまりにくいという人は、Ｌｅｓｓｏｎ３でご紹介しているヘアケアを参考に、普段のケアを見直しましょう。

Chigaya's Point

2

1

4

3

洋服やメイクに合わせて、気分がアップするアレンジを

1：p.20のヘアは、髪全体にワックス→オイルの順につけてウエッティに仕上げ、前髪をシャープにしてスパイシーな雰囲気をプラス。　2：p.24右のシンプルなコーデには、トップにボリュームを持たせたハーフアップをシルバー＆ストーンの小物で締め、サイドは手ぐしでニュアンスを。3：p.26の華やかなワンピースには、スタイルのシンプルさを活かし、ターバンでこなれ感としゃれ感をトッピング。4：p.38のベージュのトップスに合わせ、顔まわりの髪に潤おいと艶を仕込むことで、肌もきれいに見せます。

Hair & Make-up

Point make
Hair arrangement

Variation

2

1

4

3

1　リップラインだけ描いたスポーティなナチュラルメイク。

2　ダウンスタイルをつくるときもカーラーで自然な毛流れを。

3　髪のグラデーションが出せるように後ろ姿もチェック。

4　ブラウンシャドウで目元を締め、口元には鮮やかな赤い口紅をさっと引いて。

1

3

1　エイジングが気になる目元をカラーで楽しむ場合には、アイホールより下まぶたの際にカラーシャドウを仕込むのがおすすめ。
2　緩やかなラインの短め眉、ダークブラウンのアイライナー、リップと同系色のシャドウでナチュラルに。
3　ニュアンスシャドウのみのヘルシー眉。アイメイクはせずリップライナーでソフトに唇を飾り、チークで締めて。

2

Column

白髪との付き合い方

ちがや　年齢を重ねると、美容に関する悩みは増える一方だけど、その中でも白髪問題は深刻で、「どうしよう、どうしよう」と迷走している人もいます。その意味では、サチコさんは華麗なる変身を遂げましたね。

サチコ　前はアッシュ系ブラウンに染めていたけれど、「白髪になったら自分がどう変化していくか」、試してみたくなったんです。

ちがや　でも、今みたいなスタイルをつくり上げるまでは、ちょっと大変そうだった。

サチコ　染めるのをやめると、どうしても染めた部分と伸びてきた白髪との境目が、目立ち始める時期があるでしょ？　この時期には、周囲から「老けて見える」、「ヘン」などと言われてしまう。ここで多くの人はくじけてしまうの。だけど私は、自分は自分、「好きでやっているの」と、それこそ開き直って乗り越えたのよ。

ちがや　うちの息子も「サッちゃん、白髪にするの？　染めたほうがいいんじゃない？」と心配していたほど。そういえば、三毛猫みたいな頭になっていた時期も……。私は、あえて何も言いませんでしたが。

サチコ　白髪染めをやめて一番ショックだったのは、電車の中で席を譲られたこと。「私、老婆なわけ!?」と落ち込みました。「ありがとう。次で降りますから」なんて咄嗟に返してしまい、何度、降りる予定がなかった駅で降りたことか……。

ちがや　実際に白髪染めをやめるのは、勇気がいることだし、意志が固くないと途中で揺らいでしまう。

サチコ　そうよ。私も、みんなに「ヘン」なんて言われても決意は揺るがなかったのに、電車の中で中高生の男子から席を譲られたときには、「染めないとダメかしら」と、本気で思ってしまったほどだもの。

ちがや　そこをなんとか踏ん張ったから今があるということね。

サチコ　途中、大変だったけど、白髪染めをやめたら自由に！　それに、白髪になったら、柔らかいニュアンスが出てきたりして、新たな自分を発見できてうれしかったの。きれいな口紅が似合うようにもなって。

紆余曲折を経て今のスタイルに

ちがや　白髪染めをやめたとき、自分の未来図を描けていましたか？

サチコ　自分に白髪が似合うかどうかわからなかったし、どういう白髪の感じになるのかもわからなかった。だから、とにかく「やってみるしかない！」という感じだった。

ちがや　それで、実際は？　望み通りに？

サチコ　半年、自分探しで試行錯誤して、真っ白な美しい白髪になるのを楽しみにしていたのに、残念ながらそうはなりませんでした。私の白髪は黄色がかっていて、どうもおしゃれじゃない。「白髪＝自然でエレガント」という自分のイメージからかけ離れているように思えたの。

ちがや　それでホワイトブロンドにしたはいいけど、大変なことになってしまって。

サチコ　お弟子さんに真っ白にして欲しいと頼んで染めてもらったのに、なぜかピンク系のブロンドヘアに。あのときは、みんなに大ウケだったわね。

ちがや　サチコさんのヘアは、そういう紆余曲折を経て、今がある。

サチコ　そうそう。実は、私の髪の毛は白髪

白髪染めをやめたら自由に！
新たな自分も発見できました。

Sachiko

白髪は手をかけてあげないと
おしゃれには見えないの。

Chigaya

そのままじゃなくて、ホワイトブロンドにするために、少し色を入れているの。美しく見えるように、夏場なら、ブルー系を入れてクールな感じを出すとかね。

ちがや　やっぱり、多くの人は、白髪にはハイトーンカラーを入れているわけですね。一番よく見かけるのがパープル！

サチコ　そうなんだけど、絶対にやめたほうがいいと思うのが、そのパープル。昔のおばあさんっぽく見えない？

ちがや　確かに、年配の方のヘアを象徴する色がパープル。

サチコ　そうでしょ？　だから、私は入れたくない。まぁ、もうおばあさんであることは確かです。だけど、やっぱりおしゃれでいたいもの。白髪頭は普通に街を歩いていても、すごく目立つの。どうせ目立つなら、おしゃれに目立ちたいじゃない。

ちがや　先日、真っ白な髪にイエローを入れている人がいて、みんなが見ていたけど。

サチコ　それはすごいわね。でも、派手にすればいいってものじゃない。やっぱり自分に似合う色を探さないと。

〝染めない＝手抜き〟じゃない

ちがや　今、グレイヘアブームですよね。サチコさんは、このブームをどう見ていますか。

サチコ　年を重ねると、顔にシワやシミが出てくるじゃない？　そうすると黒い髪色が似合わなくなるの。白髪の必然性とでもいうのかしら。神さまはうまく人間をつくっていると思う。でも、だからと言って、今のグレイヘアブームはどうなんでしょう。間違った捉え方をしている人も多くないかしら。

ちがや　うん、〝染めない＝手がかからない〟という考え方はちょっと違う？

サチコ　少なくとも、おしゃれを目指す人は、その考えは改めないと。

ちがや　日本人の白髪は、ナチュラルな状態だと老けて見えがち。だから、サチコさんのようにヘアカラーをする人もいれば、艶のある美しい白髪にするためにヘアマニキュアをする人もいる。やっぱり手をかけてあげないと、おしゃれにはならないということですね。

サチコ　〝おしゃれ〟ということも大事だけど、それより何より、気をつけたいのは清潔感です。年齢を重ねてコシやハリ、艶がなくなった髪の毛を清潔に見せるには、やっぱりケアが必要不可欠。それを怠ると、単に汚い白髪のおばあさんになってしまう。

ちがや　白髪は頭皮にベタッと張りつきやすいから、頭皮ケアをしっかりやってあげることも大切だし、髪の毛を地肌から離すように、ふわっとしたスタイルにすることも効果的ですね。そのほうが華やかで素敵。

サチコ　結局、白髪は手間暇かけてあげないとダメなのよね。それができないなら、ずっと染め続けたほうがいいと思う。

ちがや　グレイヘアがトレンドだから、やってみようと思う人も多いけれど、中には白髪が似合わない人もいるし、顔や肌とのバランスもあって、「まだ白髪は早すぎる」という場合もある。私自身もそう。白髪は結構あるけど、まだ全部白髪にするのは早いと思うから、白髪が目立たない明るいトーンにして、メッシュを入れて目立ちにくくしています。

サチコ　人それぞれ。今の自分に合うスタイルを見つけるのが一番。ただ、清潔感だけは保ちましょうね。

Lesson

2

11 Tips to
Age Beautifully

美しく年を重ねるために必要な11のコト

Sachiko's tips ／ 1

積み重ねてきたことが財産。私たちには人生のストーリーがある

「人生には無駄なことはない」と先人たちは言っていましたが、年を重ねてから本当にそうだなぁと実感しています。

私たちには、積み重ねてきたそれぞれのストーリーがあり、若い人にはない「経験という財産」があります。この自分の内に潜んでいる財産に気づき、自信にしていくことが、美しく年を重ねるためにとても大切なことだと感じるのです。

人は、自分自身に対して自信を持つことで、美しさや若々しさに差が出てきます。もちろん、フィジカル面での老いはありますが、それに対してため息ばかりついていると、どんなに気をつけてきれいに装っていても、老けた印象を与えてしまいます。反対に、自信に満ち溢れていれば、自然と表情が明るくなりますから、はたからは、自分が思っているよりも若々しく、キラキラとして見えるものなのです。

ですが、体力、気力が衰え始める時期には、不安定になり自信をなくす方もいます。「私なんて」とか「もう年だから」と、諦めそうになるかもしれませんが、そのようなときには客観性を持ち、ゆっくりと自分と向き合うといいでしょう。

私も時折、若い人に「それは古い！」と言われて、一瞬気分が落ちることもありますが、やっていることが正しければ、「古いも新しいもない」のです。
さらに、コツコツと積み重ねた経験に、新しい情報を加えていけば、今までにはない自分の魅力に変わります。そして「古い！」と言ってきた若者に、「格好いい！」と言わせればいいのです。それが大人の余裕なのではないでしょうか。
「今の高齢者は若者に遠慮していて元気がない」、そんな声もありますが、遠慮なんて必要ないのです。
私が参考にしている上手な年の重ね方は、
20歳　志を高く
30歳　強く　仕事に燃え
40歳　賢く
50歳　豊かに
60歳　健康に　引き際よく
70歳　しなやかに　時を遊び
80歳　健やかに　自由を楽しみ
90歳　愛らしく　悠々自適に
そして、いぶし銀のように幽玄の境地、１００歳へ。
経験を自分自身の能力で開花させ、自分を慈しみ、褒めてあげてください。そして自分に自信を持つことです。自信はその人を生き生きと輝かせてくれます。

Sachiko's tips ／ 2

「諦めない」「やめない」ポジティブな気持ちが老いを遠ざける

「もう私はいいの……」と諦めてしまう人と、「私は頑張る！」と諦めない人との若々しさの差は、とても大きいと思います。本心では皆、諦めたくはないはず。肝心なのはやはり、気の持ちようではないでしょうか。

女性は普段から雑用が多く、時間と心に余裕がありません。どうしても、自分のことはあと回しになりがち。気がつくとセルフケアを頑張っている人との差がどんどん広がり、「私はもういいの……」と、下を向いてしまう人が多いと思います。

思えば若い頃は、子育てに追われていたり、仕事と家事の両立などで疲弊していたりと、今よりずっと時間にも気持ちにも余裕はなかったはず。それでも、若さゆえの希望に満ち溢れ、パワフルでした。でも、自分をあと回しにすることに慣れてしまうと、諦めることが普通になってしまいます。そんな小さな積み重ねが、おしゃれへのモチベーションまで下げてしまうのでしょう。

でも、ライフスタイルが変わる50代以降は、そんな呪縛から解放されて自由になっていい時期。再び自分を主役にして、第二の人生を踏み出していいのです。

「継続は金」。手始めに、毎日の生活の中に、美しくなるための小さな頑張りを組み込んでみてはいかがでしょう。

洗顔、入浴、歩き方、立ち方、座り方、食事の取り方……これまで放っておいた自分に手をかけてあげるように、自分で工夫して小さな習慣をつくっていくと、気持ちも若々しくなっていきます。

このときに大切なのは、その行為が自分に合っているかどうか。嫌なこと、無理なことは絶対に続きませんから、まずはいろいろ試してみましょう。

そして、小さくても結果を出すことが大切です。私が40年以上続けている水泳は、体に負担をかけずに水中で自由に体を動かすことができるので、運動が苦手だった私にぴったり。泳いだあとのすっきりとした心地よさも、続けられている要因だと思います。スタイルと体力もキープできているので、今では泳ぐことが美容と健康のバロメータになっています。

自分が気づかなくても、体の老いは少しずつ進行しています。「もういいの……」と思えば思うほど、老いは加速してしまいますから、ネガティブなイメージを意識的に追い出しましょう。

「諦めない」「やめない」というポジティブな気持ちは、フィジカル面でもメンタル面でも老いを遠ざけてくれる、栄養ドリンクのようなもの。欲張らず、小さな結果に喜びを感じながら、老いと向き合えるようになると、年を重ねていくことも楽しくなります。

口うるさい友人、娘の声に素直に耳を傾ける

「自分のことは自分が一番知っている」。けれど、自分で自分は見えていないもの。

知っているから見えている、と思っていても、見逃していることはたくさんあります。ましてや年を重ね、少しずつ老化していく自分を前にすると、直視することが難しくなりがち。いろいろな変化を見逃しやすくなるから厄介です。ですが、久しぶりに会った人は、「老けたなぁ」とか「疲れて見えるなぁ」と、言葉では表さなくとも、見逃してはくれません。

人は、他人の変化には敏感で、反対に自分には鈍感になる。若いときに似合っていた洋服やヘア・メイクが、似合わなくなっていることに気づかない人がたくさんいるのはこのせいです。着ているものや雰囲気が若い頃と同じだけに、肌や髪の土台の老け感が際立ってしまい、変化をキャッチされやすいことに気づけていない人たちです。

同年輩の友人同士だと、本当のことはなかなか言いづらいもの。だからこそ、娘や本音を隠さない人は、意表をついたことを言ってくれる貴重な存在です。とはいえ私自身、娘に指摘されても、自分が見えていなかった、気づかなかったことだけに、すぐには納得で

きずイラッとしてしまうことも……。でも、あとで思い返してみると、気づかせてくれたことに感謝する機会がたくさんあるのです。

例えば、私はずっと「帽子は似合わない」と思い込んでいましたが、あるとき「絶対に似合うから」と、ちがやさんに強く勧められてトライしてみたところ、これが意外にしっくりきて。以来、私のワードローブに帽子が加わるようになりました。また、自分が「決まってる！」というコーディネートに対して「なんかヘン！」と、ちがやさんが少し手を入れると、劇的におしゃれになることも多いのです。

年齢を重ねれば重ねるほど、意見をくれる人が少なくなってきますから、いくつになっても自分に助言してくれる人がいるのは、とても幸せなことなのです。そうした人の意見に素直に耳を傾けてみると、新しい発見があり、新しい自分に出会えます。

ちがやさんのアドバイスで新しい自分に出会えることも。

Chigaya's tips ／ 4

〝ゆっくり〟と〝ていねい〟が本当の美しさを生む

母、サチコさんが最高に忙しかった30代から50代くらいの彼女の口癖は、「早く!」と「急いで!」でした。

世界中を駆け回り、コマーシャルやテレビ、雑誌の撮影、ファッションショー、さらに、その当時経営していたサロン……、この人は「仕事が大好きで仕方がない人」なのだと、娘ながらにずっと感じていました。

その頃のサチコさんは離婚の危機にあり、これから娘の私を抱え、ひとりで勝負していかなければいけないという時期。なおさら、〝ゆっくり〟なんて考えにも及ばない状況だったのでしょう。

ところがごく最近のこと、あんなにせかせかと動いていた彼女が、ゆっくりとバルコニーの花々や木々に肥料や水をやり、のんびりと穏やかに、一つ一つを〝ていねい〟に暮らしている。そんな姿を見かけるようになりました。正直、私は驚きました。それまでは、生活や仕事のために突っ走ってきて時間や気持ちに余裕がなかったから……とはいえ、一番間近で見てきた私には、大きな大きな変化に映ったのです。

先日、上皇后、美智子様がご公務から退かれ、今一番なさりたいことの中に「手元にある本をじっくりと読むこと」というものがありました。ずっと望んでいたことを、今になって少しずつできるようになったのは、サチコさんも同じなのかもしれません。

積み重ねた美しさ＝本物の優雅

今、ていねいに自分を慈しむ時間を過ごしているサチコさんの表情は、とても穏やかで、以前よりもずっと美しく見えます。それは、ていねいの中に存在するエネルギーが、美を確実に育んでいるからでしょう。私が幼少の頃、学校の支度にもたつく私を、とても怖い顔で見ていた忙しすぎる母の顔は、どこに消えてしまったの？と思うくらいです。

年齢を重ねると、失うものがたくさんある中で、若い頃に味わった苦労や経験が、〝優雅さ〟に磨きをかけてくれるなんて……こんなに素晴らしいことはないですね。

そんなサチコさんの様子を見るようになってから、私も以前より一つ一つの事柄をゆっくりと、ていねいに味わうようになりました。そうすることで、物への慈しみが増していき、人の幸せも自分のことのように喜べるように。気持ちが自然と穏やかになっているのを実感しています。そんな心の豊かさは〝大人の美〟として、内面からにじみ出てくるのではないでしょうか。

私が今、ていねいに生活する中で実践していることは、誰にでも簡単にできることばかりです。例えば、肌や髪のケア。サチコさんが手をかけた植物が生き生きと育っているように、ていねいに肌や髪を慈しむお手入れは、自分の土台をより美しく育ててくれます。

今までよりじっくりスキンケアを行い、フェイスマッサージをして血液の循環をよくしたり、肌状態に合わせてスペシャルケアをこまめに加えたり。髪に関しては悩みが多いので、シャンプーもスタイリングもひと際手をかけてあげるようにしています。スキンケアもヘアケアもアイテム選びでは香りにもこだわって、リラックスできる状態を意識的につくるように心がけています。

また、呼吸をするときは、息を鼻からゆっくり吸い、鼻からゆっくりと吐き切る「セロトニン呼吸法」を実践中。私たちが習っているヨガの高橋玄朴先生から教えていただいている呼吸法ですが、深い呼吸を意識的にすることはとても大切。だんだん息が浅くなり、呼吸する意識が減っていく私たち世代の人には、特に必要なことです。

私もサチコさんもこの呼吸法を取り入れてもう10年くらいになります。初めのうちはなかなか意識するのが難しいのですが、慣れてくると自分の体と心の感覚を、じっくりと感じることができるようになり、ていねいに過ごすことが、より受け入れやすくなっていきます。集中力もアップするため、特に自分と向き合って物事を考えたいときにおすすめ。ぜひ、皆さんも取り入れてみてください。

日常の中に、ゆっくりとていねいを増やすと心が豊かになり、若々しく生きるコツのようなものも見えてくるはず。こうして、慈む時間を積み重ねた大人の女性だけが、本物の優雅な美に出会えるのだと思います。

手をかけすぎず、植物の声を聞いて水をやる。無事に花を咲かせるととてもうれしそう。

大人のナチュラルは一歩間違えると老けた印象に

大人のナチュラル＝清潔感が何より大切。

成人するまでの女性は、何をしなくても清々しいほどの清潔感があります。でも、残念なことに年を重ねるにつれて、その清潔感は薄れていきます。

清潔感といっても、人それぞれに捉え方は異なりますが、髪や肌状態、またメイクや服装、所作、歯、体臭などが気になるでしょう。特に50代を超えたあたりからは、清潔感を維持するために、気をつけなければならないことがたくさんあります。

例えば髪の毛。日本人の黒髪は、若いときは何もしなくても天使の輪があり艶やか。コシもハリもあって美しいけれど、年を重ねれば白髪も混じりますし、コシやハリもなくなってしまいます。それでも、きちんと手をかけてあげれば、艶やボリュームがキープできて清潔感も自然に出てきます。

また、白髪を黒く染める場合にもコツがあります。ただ真っ黒に染めればいいというものではなく、今の肌質や髪質を考慮して色を選ばないと、顔のシワや肌のくすみが強調されて逆効果になってしまいます。

白髪を染めずにそのまま活かす場合は、74ページの白髪対談でお話ししているように、今まで以上にお手入れが必要です。今の私は、白髪にブロンド（金色）系の色を加え、明るく清潔感のあるおしゃれを楽しんでいますが、髪の色が白くなると肌色がよりくすんで見えるので、ファンデーションの色やポイントメイクも変えて、髪色とバランスが取れるように気をつけています。白髪にしたのをきっかけにノーメイクになる人も多いようですが、「白髪こそメイクはきちんと」が清潔感を生むポイント。大人のナチュラルは一歩間違えると老けた印象になってしまいますから、加減が大事なのです。

もちろん、服装への気遣いも大切。特に注意したいのがカジュアルスタイルです。若い頃に買った古着のTシャツやスウェット、ジーンズなど、若者がおしゃれとするダメージアイテムは、大人が着ると不潔に見えてしまうので、避けたほうが無難です。

当たり前ですが、シャツやカットソーは、デザインではないシワにはアイロンをきちんとかけ、Tシャツなどは襟がヨレヨレにならないように洗濯時の干し方にも注意。ニット類は毛玉はご法度ですし、縮まないように洗い方にも気を使いましょう。また、靴は定期的にきちんと磨き、つま先やかかとのメンテナンスも必要です。

肌や髪、体をいたわるのはもちろん、身につけるものにも手をかけてあげること。それが清潔感につながり、若々しさと美しさを引き出します。

健やかに暮らすための美のスケジュールを立てる

祖母からサチコさん、そして私へと受け継ぎ、実践していること。それは美のスケジュールを立てることです。

父方の祖母は明治から続く美容家の家に育ち、101歳で亡くなる晩年まで美容家として生き、その生を全うしました。彼女の頭の中には常に美のスケジュールがあり、いつ毛染めをし、いつ洋服を新調し、いつ病院の定期検査を受けるか……一年を通しての美容計画が立てられていました。さらには、お墓参りする日程を決めて寺院への心遣いのぽち袋を買う日まで、細かいスケジュールのもと暮らしていたのです。

例えば……

◎一年の中で、健康診断に行く時期を決める。

◎歯科医院へ通うタイミングと終了時期を決め、スケジュールを優先的に入れておく。

◎化粧品や美容に関する勉強会を組み込む。

◎化粧品の見直しの時期をマークする（全アイテムは取り替えませんが、季節ごとの見直しや、前年のメモを確認します)。
◎ヨガ、ピラティスなど、運動の年間計画を立てる。
◎シーズンごとのファッション計画をつくる。
◎年または月ごとに使える美容代を算出する。
◎エステや、新しいお店をピックアップして行く日を決める。
◎家族や友人とのプライベートなスケジュールを立てる。

これを読んで、「これって美のスケジュール!?」と思うかもしれません。

美容とひと言で言っても、肌や髪だけをケアしていればいいというものではありません。

美と健康は直結しています。健康でなければ美しい肌や髪、若々しさも手に入りませんし、メンタルのケアもまた重要。ですから、私たちの美のスケジュールは多岐にわたります。


実はまだまだあり、もちろん現実的にできないことや、予定通りにはいかない場合もたくさんありますが、書き出して定期的にチェックし、できる限りその通りに実行すると、気持ちの整理もできて自分のことを落ち着いて考えられるのです。

女性は家事や仕事などをこなしながら、気ぜわしく毎日を過ごすことが多いからこそ、自分自身の管理をしっかりすることがとても大切だと思っています。そうやって自分をいたわることで、周囲に迷惑をかけずにいられるようになり、家族や友人、周りの人を大切にすることができるのではないでしょうか。

美とは「人との間に生まれる無形の愛」と教えてくれた祖母に、今も感謝しています。

Chigaya's tips ／ 7

歩くことは生きる力。所作の美が生まれる

子どもの頃からサチコさんに、口うるさく言われていたのが、「歩き方に気をつけなさい」でした。

「背中が曲がっている！」「ガニ股になっている！」「膝を曲げない！」と、彼女の前を歩きたくないと思うほど、うるさくて……。でもそれは、彼女が当時、海外メゾンのファッションショーでモデルのヘア・メイクをする中、どんなにきれいでパーフェクトなモデルであっても、歩き方や体の使い方がおかしいと、モデルとして使われなかったり、デザイナーが魂を入れてつくった作品が、美しく見えないというような現実をたくさん見てきたからなのでしょう。

私も当時、三宅一生さんのショーに出ていたスーパーモデル、のちにデヴィッド・ボウイの妻になったイマン・アブドゥルマジドの自信と品格に溢れた歩き方と表現を間近で見て、その美しさに震えるほど感動したのを覚えています。イマンの所作一つ一つには、ほかのモデルを寄せつけない別格のエネルギーがあり、足運びはまるで、しなやかに歩く野生のヒョウのようでした。

世界で最もパーフェクトな歩き方を見せられ、はたと自分を客観視したら、スタイルや容姿の違いに、きれいに歩こうが歩くまいが論外！と感じましたが……、母が日頃から言っていたのはこういうことなんだと、思い知らされたものです。それからは、自分の全身を大きな鏡に映し、子どもながらに正しい姿勢や歩き方の練習をするようになりました。そうすることにより、美しい所作も自然に学べたように思います。

サチコさんに初めて会う方の多くが、「姿勢がいい」「歩き方がきれい」「若々しい」とおっしゃいます。ヘア・メイクの仕事は、姿勢が前のめりになり、猫背になりがちですが、サチコさんは日々の暮らしの中でストレッチや、水泳、朝のウオーキング、鏡での自分チェックを怠らず、正しい姿勢をキープし続けていますから、見習いたいところです。

歩き方のポイントは、片足をつま先から踏み出して、かかとから着地すること。重心を足全体で受け止め、歩幅はあえて少し大きくして腕を振ると、自然に姿勢よく歩けます。テンポは遅くても足さばきのいい、きれいな歩き方を心がけています。

そのためには、日頃から筋力を鍛えておくことが大切。歩くときは、片足で立つことを繰り返しながら進みます。例えば、①フラミンゴのような片足立ちのポーズを数分間行う②両足のつま先を浮かせてかかとだけで立つ　③座って足の指に手の指を差し込んで足首をクルクル回す。など、簡単なトレーニングとストレッチを行うと効果的です。

スーパーモデルのような素晴らしいウォーキングとはいかなくても、姿勢を正して颯爽と歩くことは素敵な洋服を買うことよりも、価値があることなのだと思います。

Sachiko's tips ／ 8

一か所にとどまらず常にフレッシュエアを取り込む

人間は、ひとところにじっくり腰を据えていたいという願望がある生き物だと思います。ですから、忙しくしていた頃、自分の居場所があるのに、そこでゆっくりできないことが、私にとっては大きなストレスでした。

自分の場所でゆっくりしたい――。

仕事も、一度でいいから自分の拠点でじっくり取り組んでみたい――。

ずっとそんな願望を持ち続けていたのですが、自分のサロンを始め、いざ自分の居場所でじっくり仕事をすることになったら……。

それはもう、最初はすごくうれしかった。でも、おかげさまでお客さまがひっきりなしに来られるようになると、今度は、外に出られないことにストレスを感じるようになってしまい……。仕事が終わって夜中に外を歩き回っていたほどでした。

やはり、人間、一か所にとどまりすぎるのはよくない。空気が停滞すると自分のメンタルが落ちてしまうのです。

そのとき、初めて家庭を守る女性の気持ちがわかりました。ずっと家にいて家事や育児をすることにエネルギーを持っていかれてしまうと、自分の中に新しい風が入ってこなくて、気分がどんよりしてしまう。年齢を重ねた主婦の方が、だんだんと自信を失いがちになるのは、こうしたことも影響しているように思うのです。

私たち人間は、適度に外に出て、新鮮な空気を自分の中に取り入れなければ、ダメになる生き物ではないでしょうか。

今、まさに私もそんな状況で少しあえいでいます。ここのところ、忙しすぎてアウトプットするばかり。インプットをしていないから、酸欠状態になっています。そろそろフレッシュエアを取り込まないと、限界がやってきそう……。

フレッシュエアを取り込む方法はいろいろありますが、私にとって最も効果的なのは旅に出ることです。日々、頑張っている自分にご褒美をあげる意味でも、今、旅に出たくて仕方がない。旅には非日常的な経験や出会いがあり、新鮮な発想も生まれ、自分をリフレッシュさせてくれます。

一番行きたい場所はヨーロッパ。なぜなら、今の私は刺激を求めているから。もう何度も訪れていますが、刺激をもらうならヨーロッパが最適です。

旅というと観光やショッピングが目的になりがちですが、私は、その土地の日常や文化が垣間見えるものに出会えたときに心を動かされます。いろいろな地でそんな体験をしたいと夢見ながら、今は東京で忙しくしています。でも、忙しさにかまけるのはもう終わり。自分の背中を押すことができるのは、自分だけなのだから。

Chigaya's tips ／ 9

人は誰でも誰かのお手本。自分だけの個性を大切にする

「目がたれてきているのよね～。口元も緩んできたし……」
メイクレッスンにいらした大人の女性たちは皆、口をそろえてこう言います。もちろん、私も同じように自分の顔を見てそう思います。

若い頃の顔は、ハリがあってみずみずしい。けれど年を重ねれば、肌ばかりか目まで衰え、落ちくぼんでしまう。でも、果たしてその変化はすべて悪いことなのでしょうか？
たくさんの女性たちにヘア・メイクをさせていただく中で、最近強く思うことがあります。50代以降の方たちは、美に対してさまざまな考え方を持つようになり、その視点はグローバルにもなっています。今までよりも、個性を大切にする女性が増えてきて、まさに多様化中。大人の女性こそ、個性の時代になってきていると感じるのです。

そういった時代の中で、目が少したれたとか、シミができたとか、小さなことで悩んでいるのは、ものすごく時間がもったいないと思います。今日、そして今が、明日よりも若く、美しい自分なのですから「もっと自分の個性やいいところに目を向けて欲しい！」と、強く感じています。

先日、サロンで行っているグループレッスンにいらした方が、「早くに伴侶を亡くし、それからは家族のことだけを考えて苦労が続いていた」とお話しされていました。とても控えめな方でしたが、メイクを始めると目の奥が生き生きとしてきて、この場へ来るのを後押ししてくれた息子さんに早く見せたいとおっしゃっていました。今の悩みを聞けば、その方は「自分は首も長いし、顔も小さいので存在感が薄くて自信が持てない」と……。それに対してほかの生徒さんが、「首が長くて、お顔が小さいのは羨ましいことよ！」と、口々におっしゃっていました。お顔もとても美しいのでなおさらです。

往々にして、自分のことは案外よくわからないもの。自分の魅力を自覚できていない方も多いのです。魅力とは外見だけではありません。例えば、先ほどの生徒さんなら、内側から醸し出す芯の強さと母性のような優しさが、彼女の美しさをより引き立てていました。それが、彼女が周りに与える印象であり、個性。誰にも真似できない、その人自身の魅力なのです。

美人か否かとか、こんな仕事をしているとか、どこそこの妻だとか、そんなことは全く関係ないのです。内側から出てくる人となりこそ、人を惹きつける磁力になる。細部のパーツの衰えなんて、むしろチャーミングに見えるもの。

多様化してきている世の中です。今まで通りの画一的な美は、もう通用しないのではないかと思えて仕方がありません。自分だけにしか出せない、本当の美を感じてください。そして、そんなあなたを必ず誰かが見ていて、必ず誰かのお手本になっているのです。

Sachiko's tips ／10

〝誰かと一緒〟と〝ひとり〟のバランスを上手に取る

年齢が上がっていくと、〝ひとり＝不安〟に変わっていくものです。

私の周りの友人、知人にはひとり者が多く、若い頃はバリバリ仕事をして、「ひとりのほうが爽快」と言っていた強者ばかりでした。けれど、年を重ねて体調を崩したりすると、ひとりでいることに対して、これまでにない不安を覚え、一気に老け込む人も。年齢にはかなわないと思わされたものです。

置かれている環境は人それぞれですが、「ひとりでいるのは寂しいけれど、人付き合いは面倒」、「人と関わりたいけれど、集まる場がない」……。誰にでも、そんなアンバランスな揺らぎがあるものです。

私自身はというと、人はすごく好きですが、どちらかというと集団が苦手で、ひとりが好き。周りからは、「サチコさんは強いから、ひとりでいても平気なのよ」とよく言われます。今はひとりですが、娘家族は階下に住んでいますし、妹も近くにいる……そんな程よい距離感が、心の支えになっているのかもしれません。もちろん、家族との暮らしや仕事の経験から、人が集まる場や時間はむしろ楽しく、気分転換になっています。

〝誰かと一緒〟と〝ひとり〟を、気ままに行ったり来たり。ひとり時間には、何か夢中になれることを見つけて、気持ちの切り替えをきちんとします。

水泳や読書、料理、旅でもいい。リセットして自分としっかり向き合うことで、いろいろな考えがまとまるのです。

美しさをキープするためにも、誰かと一緒とひとりのバランスを上手に保つことは大切です。

人は誰かと一緒にいると安心します。

家族や友人、知人、仕事仲間など、集団でいるとグループカラーが出てきますし、おしゃれに関しても、ライフワークや職種などによって、似たようなカラーになるからとても不思議です。

一般的に日本人は集団が好きで、特に女性は、誰かと一緒を好みます。こうした環境に慣れてくると、例えば関係性が密な母と娘は、ライフワークが異なっていても同じカラーになりやすく、最近では友だち母娘《おやこ》といった現象まで生まれています。若いうちなら、娘と同じような格好をしても「素敵ね」と思われるかもしれませんが、高齢になると娘からの影響が〝若づくり〟の原因になってしまうので注意したいところです。

私も娘のちがやさんがもたらしてくれる、たくさんの新しい情報やアドバイスに助けられていますが、私らしいか、また今の年齢に合っているか、自分でしっかり考えてから取り入れるようにしています。

ひとりで考える時間はとても大事です。

例えば、みんなでアイデアを出し合うようなシーンでは、ついつい人の意見に流されがちですが、人の意見を尊重しながらも自分の考えを持てる人は、客観的に自分を見つめることができる人。反対に、人のことばかり気にしている人は、ひとりになっても人の意見や目が気になって、「あの人が言っていたから」と、自分が消えてしまいます。おしゃれにおいても、人と違うことができなくなり、誰かと同じような格好になってしまいます。

単にみんなと一緒で安心するのではなく、自分自身をしっかり見つめて選ぶこと。人の話を聞ける柔軟さと自分を曲げない強さ、意見をチョイスできるメンタルを持つことで、自分の個性は輝きます。

一番注意したいのは、孤独になりすぎて頑なになること。おしゃれまで独自路線になりすぎたり、時代遅れになったりします。おしゃれは自分のためのものですが、大人の女性なら、いい意味で周囲や時代性との調和も大切にしなければいけません。だからこそ、人とほどよく交わっていいエッセンスを受け取り、自分らしく取捨選択をして、おしゃれに取り入れていきましょう。

誰かと一緒とひとり、どちらかに偏って自分の世界を狭くしてしまうと、考え方も偏ってしまいますから、このバランスを上手に取ることができる人ほど、おしゃれも人生も豊かになります。私自身も、まだまだトライ中。心地いい距離感を保ちながら、日々の暮らしとおしゃれを楽しんでいきたいと思っています。

読書は大好き。夢中で読んでいると気持ちが落ち着いたり、頭の中が整理できるひとり時間です。

Chigaya's tips ／ 11

いつでも〝初めて〟を楽しめる無邪気な心を大切に

最近、初めてのことをいくつしましたか？

そう聞くと、大抵の大人の女性は「最近新しいことなんてしてないわ！」「そんな暇ないわよ！」「もう年だし、今さらね……」などと、返してしまうのではないでしょうか。

年齢を重ねると、いろいろな面で諦めたり、妥協したり、面倒くさがったりする人が目立ちます。50代以降になればそれまでとは違って、頭ではわかっていても、体や心が上手く反応できないのはよくあること。そんな自分に落ち込むことも多くなります。

でも、私の周りには、本当に素敵な先輩がたくさんいます。皆さん、日々のささやかなことにも喜びを感じ、キラキラと輝いています。

その方たちの共通点は、ズバリ、〝初めて〟を楽しめる無邪気な心を持っていること。自分の終着点を決めず、新しく何かを始め、その事柄を思いっきり楽しんでいるのです。

70歳で、「新しく大型犬の仔犬を飼うことに決めたの！」とうれしそうにおっしゃる方もいれば、60代になって「大学に入り直したの！」と、意欲に満ち溢れている方もいます。また、「母も夫もいなくなって自由になったから、これからは人のためになる仕事がしたいの！」「CDデビューするから、友人を招いてパーティするの！」……とさまざまで、新しいことを始めるだけではなく、常に全力投球。私も元気をもらいます。

〝初めて〟は、何も大げさなことでなくてもいいのです。例えば、新しい口紅を買う。口紅のカラーには執着がある人が多く、なかなか新色にチャレンジできずにいるので、新しい色にチャレンジすることで気分が変わります。ファッションなら、今までにないスタイルにトライしてみることで、新しい自分が発見できるかもしれません。新しいスキンケアやヘアケア、ネイルカラーを取り入れるのもいいですね。また、新しいお店に足を運ぶのもいいですし、散歩コースを変えるだけでもいいと思います。

そして、新しいことを始めたら、若い頃のような好奇心を持って〝楽しみ切る〟ことがとても大切です。私たちも時間ができると家に引きこもらず、すぐに外へ出て行き、新しいカフェに行ったり、若者向けのお店に入ってみたりもします。自分にとって新しい、初めての空気に触れて常にリフレッシュすることで、若々しい気持ちを持つことができているのだと思います。

年齢がいくつか、なんて関係ないのです。新しい扉は皆さんの目の前にあるのですから、その扉をためらうことなくどんどん開けていきましょう！

そして、些細なことでも無邪気な心で楽しみ切れる人が、美しく年を重ねられるのだと思うのです。

History

私たちの“美”のルーツ

祖母から母へ、美の教え

私、ちがやの父方の曽祖父は、明治時代に日本で初めて美容院を開いた、美容業界の草分け的存在。その娘である祖母は、女性が着飾ることを禁止されていた戦中、戦後の混乱期に、「女性が美しくあることが平和につながる」と強く訴え、一般女性に美容を提供し続けた気骨ある美容家です。

そんな祖母の息子との結婚をきっかけに、サチコさんは美容の道へ。祖母のヨーロッパ視察に同行し、そのまま、パリのメイクアップスクールに通い、美容家としての人生がスタートしました。私を出産後、本格的に家業を手伝うようになり、サロンを成長させながら、ヘア・メイクアップアーティストとして国内外のファッションショー、広告やテレビなどの仕事を請け負い、女優、モデル、海外アーティストのイメージメイキングを手がけるなど活躍の場を広げていきました。

私が小学校低学年のときに、両親は離婚。私はサチコさんと暮らすことになりましたが、父や祖母とは常に交流があり、祖母のオーソドックスな美容の考え方や施術に触れることができ、一方ではサチコさんが手がけていた最先端の美容やファッションを間近で見ながら育ちました。

母から私へ、刺激的な環境

学校が休みの日には、サチコさんの仕事現場に連れて行かれ、オートクチュールのショーのモデルオーディションを最前列で見学したり、衣装づくりの工程を見せてもらったりしました。当時のスーパーモデル、山口小夜子さんとは、プライベートでもよくご一緒した仲。容姿の美しさはもちろん、内面の素晴らしさにも魅了され「こんな素敵な女性になりたい」と憧れた、初めての方でした。

そんな幼少時代を過ごしてきた私ですが、

サチコさんからは、美容について特別に教わることはありませんでした。むしろ、年頃になっても「お化粧はまだ早い」と言われ、私自身のメイクデビューはかなり遅め。美容の仕事に関しても「大変だからあなたには勧めない」と、強く言われていたものです。ただ、当時の自宅のお隣さんだった、ファッションデザイナーのコシノジュンコさんにかわいがっていただいたり、かねてよりお付き合いがあった華道家の栗崎昇さんから、美の基礎形成の考え方や骨董、茶器の世界などを教えていただくなど、振り返れば日常のすべてが豊かな感性に結びつく暮らし。私が美の世界に導かれたのは、自然な流れだったように思います。

学生時代を経て、大手インテリアメーカーに入社し、インテリアコーディネーターとして働き出しましたが、多忙を極めて体を壊し、やむなく退職。その後は仕事量をセーブしながらも、インテリアのコーディネートや、フ

ポートフォリオ用の撮影カット。
(1970年、サチコ)

化粧品メーカーの広告撮影にて。
写真：操上和美(1982年、ちがや)

ァッションのスタイリング、アパレルのディレクション、商品開発などをさせていただきました。プライベートでは、23歳で結婚。二人の息子に恵まれましたが、その後離婚。30代は公私ともに一番キツく、内も外も今より老けていたと思います。でも、この時期の経験が、今の仕事や考え方に活かされています。

私たちの考える美

サチコさんは50代に入った頃、実母を亡くすなど、環境が変化していったことをきっかけに、それまでの仕事を絞り、一般のお客さま向けのサロンを開設。それが、大人のトータルビューティサロン「川邉サチコ美容研究所」（現在のKAWABE.LAB）です。私も自然な流れで一緒に仕事をすることになりました。

子どもの頃から頑張り続けているサチコさんの後ろ姿を見ていたため、私にとっては母親というよりひとりの女性。親子とはいえ、精神的には独立している関係です。常に仕事上ではお互いをリスペクトし合い、ぶつかり合いながらも、20年が経ちました。

サロンでは、お客さまのご要望をうかがいながら、ヘア、メイク、ファッションを提案し、「お一人お一人に寄りそう美をトータルでつくり上げる」ことを理念としています。

昭和のはじめ、何もなかった時代に女性が美しく頑張ることが、日本の力になると信じていた祖母の熱い思い、そして、母サチコさんが切り開いてきた新しいヘア・メイクの世界。時代が移りゆき、多様化していく世の中の変化を受け止めながら、固定観念にとらわれないしなやかな感性を磨き続けていきたい。そして、女性の美のあり方が大変なものではなく、心地よく幸せなものであるように、これからも日々学ばせていただきながら、多くの方のお役に立てる活動をしていきたいと、二人で想いを巡らせています。

Lesson

3

Beauty Care
For Women Over 50

大人こそ 美しさを磨く 土台づくり

Base Care

美は一日にしてならず。日々の積み重ねが未来の輝きを生む

願わくば、おしゃれで輝いている女性になりたい――。

きっと誰もが思うところでしょう。

では、このような女性になるためには、どうしたらいいのでしょうか。

ファッションのセンスを磨く？　メイクのワザを覚える？　ヘアスタイルを模索する？

確かに、外側からのアプローチも必要です。

しかし、いくらファッションセンスを磨いて素敵なコーディネートをまとっても、洗練されたメイクをしても、自分に似合うヘアスタイルにしても……。

結局、〝土台〟がしっかりしていなければ、それらが与えてくれるメリットを受け止められず、せっかくのアプローチもすべて台無し。本当の意味で輝くことはできないのです。

ここで言う土台とは、メイクを受け取る〝肌〟、ヘアスタイルを支える〝髪の毛や頭皮〟、そして、洋服を身にまとうのはもちろん、輝くオーラや溢れ出るエナジーの源にもなる〝体〟のことです。

この土台をしっかりつくってこそ、私たちは輝くことができると思うのです。美しさの

根幹は「土台づくりにある」と言っても過言ではないでしょう。

その土台は、一朝一夕にできるものではありません。長い時間をかけてコツコツと積み重ねていくしかないのです。

それでも、若いときなら代謝も活発で、日々のケアに対して反応も早いけれど、年齢を重ねてくると、そうはいきません。スキンケア、ヘアケア、食事や運動などでのボディケアを毎日地道に続けること。それが、揺らぎのない土台づくりにつながっていくのではないでしょうか。

〝手入れ〟をすれば必ず体は応えてくれる

年齢が上がるにつれて、見た目年齢や、輝き度合いの差が顕著になってくることは、誰もが実感しているところでしょう。

20代では、どんな生活をしていても、どんな職業だとしても、それほど見た目年齢に違いは出ません。不摂生をしていたり、スキンケアやボディケアを怠っていたとしても、若さが味方となって、大きなダメージが出にくいからです。

ところが、30代、40代、50代、60代――と年齢を重ねるにつれ、その人の日常が見た目に現れてきて、個人差が明らかになってきます。

スキンケア、ヘアケア、ボディケアなどを、毎日、コツコツと続けてきた人、そうでない人との違いは明白です。

毎日、毎日、ケアしてきたということは、地道に土台づくりをしてきたということ。美の根幹ができている。それはもう最強です。

〝手入れ〟という言葉があります。

文字通り、手を入れること。メンテナンスと言い換えることもできますが、何に対しても、手入れは必要です。植物は手入れをしてあげないと育ちませんし、家も、洋服も、バッグも、手入れをしなければ、いい状態を長く保つことはできません。

私たち人間も同じです。

肌、髪、頭皮、体に手を入れるのは、とても大事なこと。面倒に感じる人もいるかもしれませんが、手入れを習慣化して、しっかりと自分をいたわってあげましょう。私たち自身、ゆっくり時間をかけて手入れをすることがいかに大切かということを、年を重ねるにつれて実感しています。

若い頃のように、手入れの効果を翌日に実感することはできないかもしれません。でも、長く続けていれば、土台は揺るぎのないものになっていきます。手入れの効果は、いつか必ず現れるのです。

美は一日にしてならず。美しさは、ゆっくりとつくられていくのですから、地道にコツコツ続けていきましょう。

何事も始めるのに遅いということはありません。今日からが、あなたの磨き時です。

毎日、コツコツと積み重ね
揺るぎない土台を築いていく

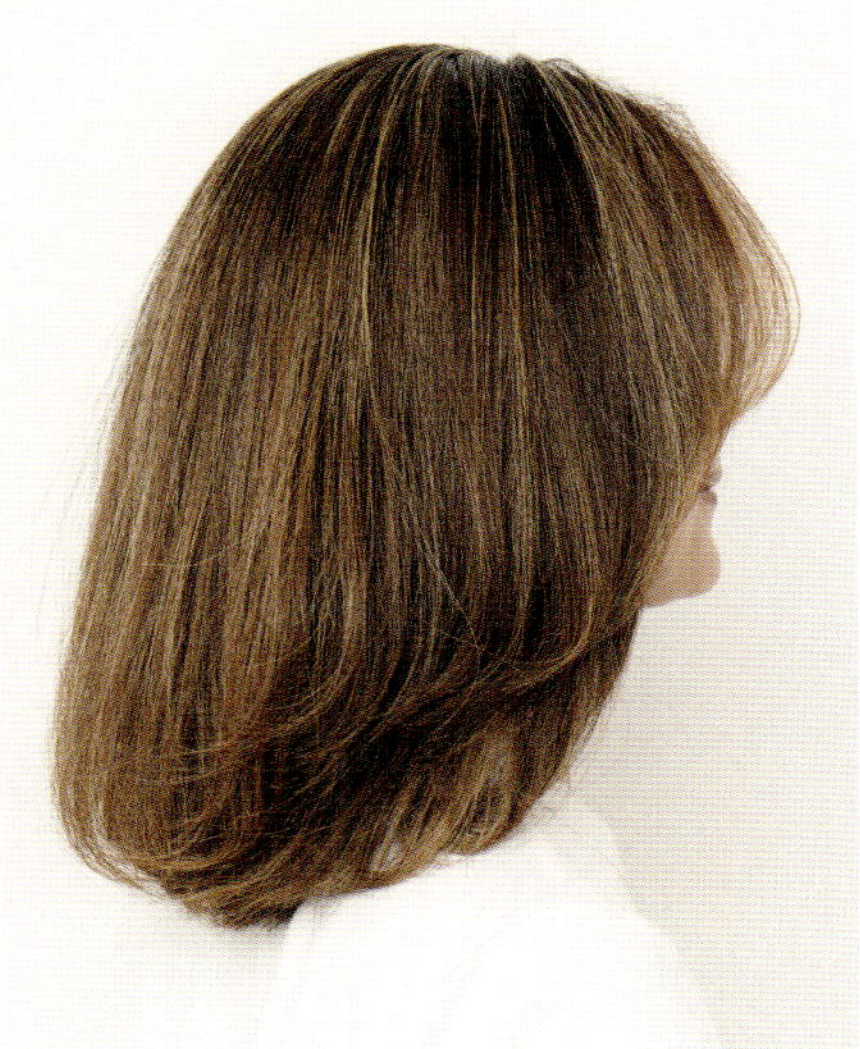

明日、明後日、1年後
10年後のために
今日から自分磨きを
始めましょう

Skin Care

自分に合う〝心地いい〟ケアが健やかな肌を生む

年齢を重ねれば、肌にはシミやシワ、たるみが出てしまいます。いわゆる〝老化〟ですが、現在は、アンチエイジング医療が進み、美容皮膚科や美容整形の分野でも老化に抗う技術が進歩しています。

そうした医療を受けるかどうかは、もちろん個人の自由です。ただ、私たちは懐疑的。人工的に手を加えるよりは、日々のケアで健やかな肌をつくるほうが自然で美しいと思っています。何より、自分らしく輝けると思うのです。

前の土台づくりのページで、手入れがいかに大切かをお話ししました。当然、肌もそう。毎日、手で触れて肌の状態を確認し、そのときどきでケアを変えたり、今必要なものを取り入れたり。美のベースをコツコツと積み重ねていきましょう。

今、世の中には情報が溢れ、スキンケア商品も星の数ほど存在します。どんな方法を試せばいいのか。どの化粧品がいいのか。迷っている人も少なくないと思いますが、私たちは〝自分流〟がいいと考えています。

自分流とは、自分にとって一番いいこと、続けられること。

大画面に映し出される女優さんや、雑誌の誌面を飾るモデルさんのように、「あれも、これも、それも――」と、ストイックなスキンケアは必要ありません。

第一、ストイックな方法は長続きしません。朝晩のフェイスマッサージがつらくなったら、夜だけにしてもいいですし、パックをするのを忘れたら、思い出したときにやればいい。自分流に、自分が〝心地いい〟と思えるケアを探してみてください。

スキンケア商品もいろいろありますが、まずは気になったものから試してみるのが一番だと思います。初めはわかりやすく、高機能で高価な商品を選ぶのもいいですし、パッケージやボトルのデザインで選んでも構いません。「これが洗面台にあると気分が上がる」「これを毎日使うと気持ちいい」……。そんな基準で気ラクに選んでもいいと思います。

いい商品、いいケア方法の情報はたくさんありますが、とにかく大切なのは、毎日自分の肌と向き合い、自分の肌に手を入れてあげることなのです。

私たちの知人に〝幸せな肌〟の持ち主がいます。70歳を過ぎていらして、顔にはシミもシワもありますし、日焼けもして、年相応に見えます。

ところが、その方の肌に触れると……柔らかくてハリがある。自分の肌を慈しみ、ちゃんと様子をうかがいながら、そのときどきに合ったケアをしているのがわかります。その肌は、〝幸せな肌〟としか言いようのないオーラを放っているのです。

彼女は、ちゃんと自分のことをわかっていて、自分にきちんと手入れをしている。若い頃からの積み重ねがあって、今の幸せな肌になっているのでしょう。これこそが最高の美。ここを目指したいものですね。

［洗顔］
一日のスイッチを入れる サチコ流目覚めのケア

朝の洗顔は、運動の前に行うストレッチのように、一日を気持ちよくスタートさせるためのスイッチ。顔を洗う行為が体と心を目覚めさせます。寝ている間に出た老廃物を落とすのが朝の洗顔の役割。基本的に、皮脂の分泌量がまだ多い40代、50代の方は洗顔料を使ってください。乾燥気味の年齢肌の人は、ぬるま湯で洗い流すだけで十分です。そして、ポイントは洗顔後のひと手間、温冷ケアです。

まず、洗顔後の肌を蒸しタオルで包み込むように当てて肌を温め、次にキンキンに冷えた氷水で顔を洗って引き締めます。これを2回繰り返すことで、血行が促進され、代謝もアップ。刺激が脳にも伝わり、シャキンとスイッチが入るのです。また、蒸しタオルの温もりで顔の筋肉が緩み、さっぱり感も味わえます。これがとても気持ちよく、今では朝が待ち遠しいほど幸せな時間です。このあとに行う、化粧水や美容液なども断然入りやすくなりますし、続けていると肌が柔らかくくすみ知らずに。いいことづくしというわけです。

洗顔後の温冷ケアでクリアな肌に

氷水で顔を洗って引き締める

洗面器に氷水をつくり、蒸しタオル後の顔を氷水で洗って引き締めます。たっぷりの冷水で顔がキーンと冷えたらOK。「蒸しタオル」と「冷水」を交互に2回繰り返します。

蒸しタオルで顔を覆う

水で濡らして緩めに絞ったタオルを電子レンジで温め（火傷に注意）、首から耳、ひたいまでを包み込みます。あごを持ち上げるように下から上に、顔の凹凸を押さえ込むようにして、タオルが冷めるまで全体を蒸します。

愛用の洗顔料

Sachiko's

洗顔料なし

Chigaya's

朝は植物由来成分配合のヘルシーなアイテムでサラッと洗います。肌状態に合わせて使い分けています。

shiro ラワンぶきフェイスウォッシュ

[化粧水]

正しくしっかりなじませて自分自身に魔法をかける

洗顔後すぐの肌は、皮脂がきれいに取り除かれて適度に潤い、化粧水が最も浸透しやすい状態。ですから、顔を洗ったあとは、時間をおかずにたっぷりの化粧水で潤いを補給します。

化粧水をつける際に大切なのは、〝なじませる〟こと。化粧品にはそれぞれ、一番効果を発揮できる使い方があり、化粧水の多くは〝手でなじませる〟と記されています。これを無視し、自己流でパシャパシャつけたり、手で強くパッティングしてしまうと、効果は半減。せっかく高価な化粧水を使っても意味がありませんから、化粧水をつけるときは、手で温めるように押さえ、肌奥までしっかり入れ込みましょう。これが、正しい〝なじませる〟です。

さらに、乾燥しやすいフェイスラインや首まわりも同様にケアしてください。「肌にいいよ！」と、呼びかけながらなじませると、効果がぐんと上がります。スキンケアの効果はメンタルも大きく影響しますから、自分に上手に魔法をかけられる人ほど、輝く肌を手に入れられます。

化粧水のポイント

目元はシートパックで集中ケア

ハリがなくなり小ジワが気になる目元は、化粧水のあとに保湿と美容成分が含まれているシートパックをプラスして集中ケア。化粧水をコットンに含ませ、貼りつけるだけでもOKです。

手で温めるように入れ込む

化粧水を手に取り、手のひらで顔を包み込むようにして、頬、額、あご、鼻や目のまわりに、まんべんなくなじませます。肌が手のひらにピタッと吸いつくような感触になるまで繰り返します。

愛用の化粧水

Chigaya's

ベタつかず清々しい香りのイトリンと肌をなめらかに整え鎮静させるビュリーを使い分け。

右から、イトリン エレメンタリー スキンローション、オフィシーヌ・ユニヴェルセル・ビュリー オー・スゥペールフィヌ

Sachiko's

さっぱり使いたいときはメディローション、肌の調子が落ちてきたときはゲランを使います。

右から、ゲラン オーキデ アンペリアル ザ エッセンス ローション、メディローションNo.2（皮膚科で処方）

［保湿］

年齢肌をリッチな状態に整えるメイク前のベースづくり

誰でも50歳を過ぎれば、自分が思っている以上に肌は乾燥し、年齢によるシミやたるみなどの衰えも加速します。敏感になった年齢肌は、肌状態が日々変わるため、そのときどきに合わせて保湿アイテムを変え、足りないものをしっかり補い、守ってあげることが大切です。

最近はオールインワンのような手軽なスキンケア商品も人気ですが、使い分けるなら化粧水後に、美容液とクリーム、オイルを重ねるのがおすすめ。美容液は肌の衰えた部分を助けてくれる栄養剤。潤いや美白、ハリなど目的別に選び、シーズンや肌状態によって使い分けます。クリームは肌をしっとり潤して整えるほか、マッサージクリームとしても使えます。そして最後はオイル。潤いを与えて逃さない万能な保湿アイテムです。艶も与えてくれますし、顔だけでなく全身に使えるので、1本持っていると便利です。

朝の保湿ケアは、メイク前のベースづくりにもなりますから、メイクがきれいに仕上がるように、肌をふっくらリッチな状態に整えましょう。

愛用の保湿ケアアイテム

Sachiko's

セリジエのクリームはマッサージにも（P.122）。杏仁オイルは顔、髪、体と全身に使っています。

右から、ジャン・デストレ トータル ユース レンジ セラム ユース リフト（美容液）、セリジエ 薬用プレミアムクリーム EXP、セリジエ 薬用杏仁オイル「APRI」EX

Chigaya's

化学物質無添加のビュリーのピュアなクリームと、優しいけれどしっかり効くイトリン。

右から、オフィシーヌ・ユニヴェルセル・ビュリー　ポマード・ヴィルジナルイトリン エレメンタリー スキンクリーム

［フェイスマッサージ］

朝晩のリンパマッサージで大人の疲れ肌を手当てする

肌のくすみやたるみの原因のひとつは、新陳代謝の低下。ただでさえ年を取ると血行が悪くなるので、血行や代謝をよくする毎日のセルフケアがとても大切です。セルフといっても特別なワザは必要ありません。化粧水や美容液をなじませた肌に、クリームやオイルを使って軽くマッサージするだけ。

マッサージは顔の中心から外側へ、さらに上から下へ、優しくさするように行います。これで、リンパの流れがスムーズになり、蓄積された老廃物が排出しやすく、血液の流れもよくなって、肌細胞のすみずみまで栄養と水分が運ばれます。細胞が元気になれば顔色は明るくなり、肌の弾力や艶もアップ。朝行えばメイクののりが格段によくなり、夜なら翌朝の肌がすっきり、というわけです。

詳しいリンパマッサージのやり方は、左ページを参考にしてください。ただ、この通りしっかりやらなくても大丈夫。手で頬をさすってあげるだけでも、肌は応えてくれます。

メイクのりアップのリンパマッサージ

手のひらで内から外にプレス

クリームを手のひらに取り、両手でよくなじませます。顔の中心から外側に向かって手のひらを押し当て、骨格に沿って少し引き上げるように強めにプレス、目のまわりは指の腹で優しくなでます。

眉間の上から生え際までプレス

眉間の上に手のひらを当て、そのままプレスしながら髪の生え際まで引き上げます。たるんだまぶたを引き上げ、おでこの横ジワ、眉間の縦ジワをピーンと伸ばすように行いましょう。

耳からフェイスラインを流す

人差し指と中指の間に耳を挟み、フェイスラインに沿って、あご下まで指を滑らせます。耳のまわりは美容つぼが集まっているので、少し強めに押さえましょう。

首筋のリンパを流す

手のひらを首に当て、あご下から鎖骨へリンパを流すようにさすります。1～4をそれぞれ5～10回ずつ、すっきりするまで繰り返しましょう。

［UVケア］
いつまでも海も山も楽しみたいから UVケアはしっかりが基本

サチコさんが若い頃は、日光に当たると健康になると言われていたこともあり、私たち母娘は海や山のレジャーが大好き。今でも海で水着になって泳ぎます。また、サチコさんは「かっこ悪いから」と日傘が大嫌い。だからこそ、シチュエーションに合わせて日焼け止めを使い分けるようにしています。

自宅で過ごす日は、SPF10程度の肌に優しいオーガニック系を、顔と手に。「ちょっとそこまで」の外出には、素早くつけられるさらさらタイプのUVパウダーを。一日外出する日は、メイク前に年齢肌向けの美容液タイプを仕込みます。そして、愛犬と一緒に海や山へ行くときは、ハワイで購入したSPF50の天然素材のものを。ハワイでは、日焼け止めに含まれる特定の成分がサンゴの生態系に悪影響を及ぼすことから、日焼け止めを制限する法律が施行されているそうです。環境にも配慮したアイテムを使うことが、今の時代には大事です。大好きな海も山も太陽の下でもっと楽しみたいからこそ、アイテムを変えながら「ガードをしっかり」が基本です。

愛用のUVアイテム

Sachiko & Chigaya's

毎日使うものだから、肌にストレスを与えず、しっかり防御できるものを選んでいます。アルビオンやMiMCのような国産アイテムは、日本の気候に合っているので特におすすめです。

右上から時計回りに、ジュリーク UVディフェンスローションSPF50 PA++++、Sun Bum Original Sunscreen Lotion SPF50、アルビオン スーパーUVカット インテンシブ デイクリーム SPF50+ PA++++、アムリターラ ベリーズビューティー サンスクリーンSPF10 PA+、MiMC ボディーパウダーサンスクリーンSPF50+ PA++++

Column

年齢肌を美しくする艶肌ベースメイク

年齢を感じさせない若々しい肌をつくるために必要なのは、ズバリ艶。艶やかな肌の輝きが、小ジワやくすみ、シミなどの、気になる部分を目立たなくし、大人らしい清潔感やきちんと感を演出してくれるのです。

年齢を重ねるにつれ、ポイントメイクがどんどん控えめになると、これまで目立たなかったベースの質感が際立ってきます。年齢を重ねた私たちの肌は潤い不足。そのままでは、疲れた感じに見えてしまいます。私たち世代は、ベースの質が顔の印象に直結するのです。

そんな大人のベースメイクを美しく仕上げるキーアイテムが化粧下地です。最近の化粧下地はとても優秀で、スキンケア効果が高く、肌色の補正もしてくれます。シミ隠しなどの悩みに特化したアイテムもたくさん出ています。その中から自分に合うものを選べば、最高の相棒になってくれるはずです。

そして、年齢肌は下地を〝しっかり〟が基本。

一般に、化粧崩れしないポイントとして「下地は薄づきに」と、よく言われますが、いろいろと足りていない年齢肌は、下地で補い、助けてもらう必要があるので、たっぷり使いましょう。

例えば、ファンデーションが入り込んでムラになりがちな肌には、下地を厚めに塗ることで肌の凹凸がフラットになり、仕上がりが断然きれいになります。また、下地のスキンケア効果で乾燥しがちな肌が潤い、しっとり艶やかに。

慣れていないと、初めは少しベタつく感じはありますが、下地で素肌が整えば、自然にファンデーションの量は少なくすみます。すると透明感が出て、ヘルシーな印象になり、厚塗りのメイクとは比べ物にならないくらい若々しく見えます。

ファンデーションは、色の種類が豊富にそろうリキッドタイプがおすすめです。60代以降の年齢が高い人ほど、肌に艶と透明感を与えるテクスチャーを。色に迷ったら、自分の肌色よりワントーン明るい色を選んでください。

メイクに慣れている人は、洋服と同じように、昼と夜、出かける場所に合わせて色や質感を変えると、おしゃれ感がアップします。肌にも流行がありますから、できれば毎年新しい商品に買い替え、今の肌感を楽しみましょう。


そして、メイクをきれいに仕上げるために、必ず使用していただきたいのが拡大鏡。私たちは普段、拡大率7倍のものを使っています。拡大鏡のいいところは、今の顔をリアルに映してくれること。小ジワやシミ、毛穴の大きさ、肌の凹凸まで、今の肌状態を細かくチェックできます。

「自分のアラ探しなんて……」。そんな乙女心もわかりますが、なんとなくメイクを続けていると、カバーしたほうがいい部分がカバーできていなかったり、隠さなくていい部分までカバーしてしまったり、結局は自分が損することになり、気分も下がります。

今の顔に合うメイクができてこそ、「いい感じ！」と、一日のモチベーションも上がるのです。

艶肌に見せるベースメイク術

**リアルに映す拡大鏡で
今の自分に合うメイクを**

拡大鏡は長く愛用しているミロワール・アルパンのミラー。コンパクトタイプがあれば、外出先での化粧直しにも困りません。

艶やかなベースはシミやくすみを目立たなくします。

Point

**化粧下地はケチらず
たっぷりつける**

顔の中心から外側にムラができないように塗り広げます。化粧崩れしやすい目元や口元は控えめに。

**コンシーラーで
目立つシミをカバー**

すべてを完璧にカバーしてしまうとかえって不自然。目立つ部分だけにコンシーラーをのせてなじませればOK。

**リキッドファンデを塗り
テカリにはパウダーを**

ブラシやスポンジでファンデを薄く塗り、Tゾーンなどのテカリが気になる箇所をパウダーで軽く押さえます。

艶肌ベースメイクアイテム

Sachiko's

保湿、カバー力の高いゲランのファンデをベースに、色、質感が異なるディオールを使い分け。

右奥から、ディオール プレステージ ホワイト ル プロテクター ルミエール UV（下地)、ディオール バックステージ フェイス＆ボディ ファンデーション（リキッド)、ルナソル スキン コントラスト フェース パウダー（パウダー)、右手前から、ルナソル シームレスコンシーリングコンパクト（コンシーラー)、ゲラン オーキデ アンペリアル クリーム ファンデーション（リキッド)

Chigaya's

普段使いはワントーン暗い色で引き締め。夏はアディクションのベースで自然な小麦肌を演出。

右奥から、ランコム UVエクスペール トーン アップ ローズ（下地)、アディクション スキンプロテクター ブロンズ フェイス＆ボディ（リキッド)、ラ・プレリー SC コンシーラー・ファンデーション（リキッド＆コンシーラー)、シュウ ウエムラ ザ・ライトバルブ グローイング フェイス パウダー（パウダー)、右手前から、シュウ ウエムラ ペタル 55 ファンデーション ブラシ、MiMC ミネラルクリーミーファンデーション（ファンデ)

［クレンジング＆洗顔］

正しいメイク落としが年齢肌の未来をつくる

夜の洗顔で大事なのは、メイクをしっかり落とすこと。でも、クレンジング剤だけですべての汚れを落とそうと、必要以上になじませれば、浮かせたメイクが毛穴に入り込んでしまいます。皆さんやりがちです。

そもそもクレンジング剤の役割は、メイクなどの油汚れを浮かせることで、取り除くことではありません。その浮かせた汚れを、次の洗顔でしっかり洗い流す。これがメイク落としの基本です。

肌が弱い人は、クリーム系を選び、濃いメイクはポイントメイクリムーバーで落とすことで、肌への負担が抑えられます。ただし、クレンジング不要のミネラル系のファンデを使っていても、その下にウォータープルーフの下地やUVクリームをつけている場合は、やはりクレンジングが必要です。

次に行う洗顔では、メイク汚れとともに余分な皮脂や角質を取り除きたいので、たっぷりの泡を使い毛穴の奥まで洗浄します。最後にしっかり洗い流して清潔な肌にしてこそ、次の保湿ケアの効果が高まるのです。

クレンジング&洗顔のポイント

洗顔はたっぷりの泡で優しくオフ

洗顔は、洗顔料を泡立てネットなどでしっかり泡立て、肌を泡で包み込むように洗います。「キュキュッとするまで」とよく言われますが、それは洗いすぎなので注意しましょう。

ポイントメイクはコットンでふき取る

濃いポイントメイクまでクレンジングで落とそうとすると、メイクの薄い肌に負担をかけるので、アイメイクや口紅は、先に落とします。リムーバーをコットンに含ませ、さっとふき取ればOK。

愛用のクレンジング剤&洗顔料

Chigaya's

メイクにするっとなじんで浮かすクレンジングと、高機能なゲランの洗顔料をお守り的に。

右から、エンビロン プレパレーション クレンジングクリーム、ゲラン オーキデ アンペリアル ザ ジェントル フォーム、shiro タマヌ クレンジングバーム

Sachiko's

基本はお気に入りのジャン・デストレをシリーズ使い。肌状態に合わせて石鹸も使用。

右から、ジャン・デストレ デマキャン フレシュール(クレンジングミルク)、ジャン・デストレ ムス ネトワイヤン ナクレ(洗顔料)、セレクピア クリアソープ(洗顔用石鹸)

［化粧水〜保湿］

年齢肌には保湿命 肌を潤いで満タンにする

夜のスキンケアは、一日メイクをして疲れた肌をいたわり、これからの健やかな肌を育む大切な時間です。化粧水、美容液、クリーム、オイルと、基本のケアは朝と同じですが、香りにこだわったリッチなアイテムを取り入れ、朝より少し手をかけてあげると、翌朝の肌状態が確実にアップします。

特に年齢が出やすいパーツは、時間のある夜にじっくりと。皮膚が薄く、乾燥などのダメージを受けやすい目元は、専用のアイクリームや美容液で集中ケア。くすみやシワが気になる首筋やデコルテ、ひじにも美容液を塗ってあげると、肌のハリが変わります。

さらに、朝と同じフェイスマッサージ（122ページ）を加えれば、肌だけでなく心もほぐされてリラックス。血行がよくなって、眠りにつきやすくなり、寝ている間にスキンケアの美容効果を促進します。

素肌づくりは即効性を求めるのが難しいからこそ、日々の積み重ねが大事。毎日続けるお手入れが、明日、1年後、5年後のきれいをつくります。

愛用の化粧水〜保湿ケアアイテム

Sachiko's

基本は朝と同じものを使用し、シワに集中的に働きかけるクリームとアイクリームをプラス。

右から、メディローションNo.2（化粧水)、ジャン・デストレ トータル ユース レンジ セラム ユース リフト（美容液)、ジャン・デストレ 3D-Rクレーム ヴィサージュ プルミエール D（フィットネスネッククリーム)、ジャン・デストレ レパレーション コンサントレ ユー（アイクリーム）

Chigaya's

年を重ねたら乳液よりクリームを。夜は徹底的に肌を潤して癒す、リッチなアイテムを使用。

右から、セルジエ　ビタミンC美容液、プリマヴェーラ　スージングローション　ネロリ　カシス（トニックローション)、ランコム アプソリュ ソフトクリーム、シゲタ　EXオイルセラム、シゲタ ママン＆プチ ベビーマッサージオイル

［プラスアルファケア］

肌の声に耳を傾け 足りないものを補う

ゴマージュで滞った肌をリセットし、パックでスペシャルな潤いを与え、エッセンスで肌力を底上げ。そしてサプリで内側からも。デリケートな年齢肌は、肌の調子が日々変わるため、そのときどきに足りないものを補ってあげましょう。

Essence
エッセンス

信頼できるブランドの新商品やクリニックでも使われている最先端エッセンスを中心に選び、目元などのパーツ別をプラスします。

右から、ポーラ BA アイゾーンクリーム、ディーアールエックス HQブライトニング（美容液）、ジャン・デストレ トータル ユース レンジ セラム ユニバーサル ユー（目元美容液）、バイオエフェクト ビーアイオー セラム（夜用美容液）、タカミエッセンス ピクノジェノール配合／ビタミンC-E配合（ともに機能性美容液）、タカミスキンピール（角質美容水）

Supplements
サプリ

肌の調子がよくないと感じたとき、また特別な日の前日には、即効性が期待できるドリンクを。マヌカハニーは毎日食べています。

右から、ポーラ B.A リキッド、マヌカハニー MGO 400＋

肌をリセットするプラスアルファケア

フェイスマスクは年齢肌の強い味方

毎日でも、週に1回でもプラスしたいフェイスマスク。ズレやすくて……という人は、100円ショップなどの繰り返し使えるシリコーンマスクを上に重ねると、マスクの密着度が上がります。

ザラザラ肌をゴマージュでリセット

肌のザラつきを感じたら、ゴマージュで不要な角質を除去して肌をクリーンな状態に。特に毛穴汚れが気になる小鼻は、指で数回ピンピンとつまんで弾き、角栓を浮かして取り除きます。

Mask
フェイスマスク

フェイスマスクは潤いが足りていないときにプラス。炭酸パックは6日間の集中ケアに。

右から、エリクシール シュペリエル レチノバイタル アイマスク、エリクシール シュペリエル リフトモイストマスク W、メディオン メディプローラー CO2ジェルマスク

Gommage
ゴマージュ

肌を滑らかに整えてくれるジャン・デストレのゴマージュを、顔とボディで使い分け。

右から、ジャン・デストレ デマキャン ゴマージュ ドゥ ヴィサージュ、ジャン・デストレ スパフィットネス ゴマージュ エクスプレス

Hair Care

大人の見た目は髪質で決まる。美しい艶髪が清潔感を生む

常々思っているのですが、皆さん、髪に対しての意識が非常に希薄ではないでしょうか。顔の肌は、「乾燥しているから保湿しよう」「皮脂が過剰だから洗顔をこまめにしないと」と気をつけるのに、髪の毛や頭皮に対して、そこまで気を配っている人はあまりいないように感じています。

髪の毛や頭皮も、ストレスの影響を受けますし、不摂生をすれば、やはりダメージが出てきます。また、年齢を重ねるにつれて、髪の毛は細くなり、艶やハリ、コシがだんだんと失われていきます。肌と同様、加齢によって髪も老化します。

つまり、肌に手入れが必要なように、髪の毛や頭皮にも日々の手入れが必要です。若いときは、簡単にシャンプーとトリートメントをするだけでも、健やかな髪の毛や頭皮を保てていたかもしれませんが、大人はそうはいきません。

ていねいなシャンプー&トリートメントをし、タオルドライ後はすぐに乾かして頭皮のためにヘッドマッサージをするなど、ポイントを押さえたヘアケアが大切です。

肌と同様、正しいケアを毎日きちんと行うことで、年を重ねても、艶やハリ、コシのあ

る髪の毛をキープすることができるのです。

私たち自身は、毎日のシャンプー（年を重ねると2日に1回、3日に1回――と洗髪を減らす人が目立ちますが、毎日が理想）と、正しい髪の乾かし方、ヘッドマッサージをずっと続けてきたことで、加齢によって毛は細くなってはきましたが、艶感と毛量はキープできていると思います。

今のようなヘアスタイルができるのも、毎日コツコツとヘアケアを続けてきたおかげ。大人のヘアは清潔感が何よりも大事ですが、ポイントを押さえたヘアケアは、清潔感を保つためにとても重要なのです。

若々しくおしゃれに見えるヘアスタイルを追求している人は多いでしょう。でも、ヘアスタイルを考える前に、まず髪質をいい状態に保つことを考えましょう。

ヘアスタイルはヘアサロンにお任せできますが、健やかな髪をつくるためには、自宅でのケアが大切です。乾燥が気になるときは、シャンプーやトリートメント剤を変えるなど、肌同様にそのときどきに合ったケアを。頭皮マッサージで血行をよくしておくことも必要になります。

健康な髪質であれば、それだけで清潔感が生まれ、見た目の印象がアップしますし、いろいろなヘアスタイルにもチャレンジできます。

「髪は女の命」と言いますが、髪はあなたの大切な財産なのです。

［シャンプー］

ずっとふんわり艶髪でいたいなら まずはしっかり〝頭皮〟を洗う

髪の健康をキープすることは、私たち世代の課題。その基本になるのがシャンプーですが、意外にきちんと洗えている人は少ないようです。

そもそもシャンプーの目的は、髪の毛ではなく「頭皮を洗う」ことなので、指の腹で頭皮をマッサージするように、強めにもみ洗いするのが正しい洗い方。ポイントは、手を大きく開き、指を髪の奥までしっかり入れること。そのまま頭頂部はもちろん、両サイド、後頭部、顔まわりも、洗い残しがないよう念入りに。ただし、ゴシゴシと擦るようにしたり、爪を立てたりすると頭皮を傷つけ、切れ毛や抜け毛の原因になるので注意しましょう。

シャンプー剤は、できれば少しお金をかけていいものを。保湿成分を含む自然派のものがおすすめです。また、カラー用など、目的に合わせて選びたいので、家族一緒ではなく自分専用のものを使ってください。

年を取ると「シャンプーは髪によくない」と、毎日洗わない人もいますが、頭皮は肌と同じですから、毎日洗って清潔な状態を保ちましょう。

シャンプーのポイント

髪の汚れを湯で
しっかりすすぎ、
指の腹で頭皮を洗う

シャンプー剤を手で軽く泡立ててから、写真のように指を開き、頭皮に指の腹を当てて髪の奥までグッと差し込んでゆっくりもみ洗いします。髪の毛はシャンプー前に湯でしっかりすすげば、大部分の汚れが落とせます。シャンプーを泡立てず髪に直接つけると、洗い残すことが多いので注意して。

愛用のシャンプー

Chigaya's

毛量が多くてパサつきがあるくせっ毛を、しっとり洗い上げるスペシャルなシャンプーです。

右から、グロスクア リムーブシャンプー、シュワルツコフ BCクア カラースペシフィーク シャンプー

Sachiko's

毛染めした髪をいたわるカラー用のアイテムが欠かせません。色移りしないことも大事。

右から、ナプラ ケアテクトHBカラーシャンプーS しっとりタイプ、ホーユー プロマスター カラーケア リッチシャンプー

［トリートメント］

傷みやすい大人の髪は毎日潤して艶を引き出す

髪に艶があると、きちんと感が出て若々しく見えるもの。反対にパサパサでまとまりのない髪は疲れた印象を与え、一気におばさんくさく見えます。そうならないためにも、シャンプー後のケアをしっかりして美しい艶髪を目指しましょう。まず行うトリートメントでは、トリートメント剤が含む補修成分を、毛先の内部にまで浸透させ、髪のダメージを補修します。髪の表面のキューティクルもコーティングされるので、手触りのいい洗い上がりに。

「髪がベタつくから」と、シャンプーのみという人もいますが、毎日ドライヤーで髪を乾かし、スタイリングしているのなら、そのダメージをいたわるためにも、トリートメントは必須です。特にパーマやカラーで傷んだ髪には、毎日のひと手間は欠かせません。補修が目的なので、頭皮はもちろん、髪全体につける必要はなく、傷んだ毛先を中心にしっかりなじませてください。ダメージを受けていない頭皮や根元につけてしまうと、髪が必要以上に重くなり、ボリュームダウンの原因にもなるので気をつけましょう。

トリートメントのポイント

ラップを巻いて少しおくとしっとり

束ねた髪全体をラップで包み、そのまま湯船に浸かります。5〜10分ほどおけば、補修成分が髪の奥までしっかり浸透し、髪の表面に皮膜として残るので、最後に軽くシャワーで流しましょう。

髪全体ではなく毛先につける

シャンプー後の水分を軽く手で絞り、適量のトリートメントを毛先やダメージが気になる箇所になじませます。両手で髪を挟み、軽くひっぱるようにテンションをかけると浸透しやすくなります。

愛用のトリートメント

Chigaya's

パサついた髪に栄養を与えて潤す高機能なアイテムが中心。こまめに集中ケアを加えます。

右から、シュワルツコフ BCクア カラースペシフィーク トリートメント a、グロスクア スリークトリートメント、資生堂プロフェッショナル ザ・ヘアケア スリークライナー ソフナー、ミルボン プラーミア ディープエナジメント 6/6＋

Sachiko's

カラーダメージのほか、毎朝ホットカーラーを使うので、熱によるダメージケアも大切です。

右から、ナプラ ケアテクトHB カラートリートメント S しっとりタイプ、ホーユー プロマスター カラーケア スタイリッシュ ヘアトリートメント、シュワルツコフ BCクア カラースペシフィーク インサロントリートメント1、シュワルツコフ BCクア カラーセーブ スムース ヘアマスク

［ドライ］

髪の艶とボリュームは ドライヤーとブラシでつくる！

「ドライヤーは髪によくない」「乾かすのが面倒」などと言って、髪を乾かさずに生乾きのままにしていませんか？

濡れたまま放置された生乾きの髪は、頭皮にも水分が残り、毛髪を包む毛包に炎症が起きたり、雑菌が繁殖しやすくなります。また頭皮にも炎症が起きやすくなり、フケや抜け毛の原因にも。こんな状態にならないように、髪を洗ったらすぐにタオルドライし、ドライヤーで髪の根元からしっかり乾かして、頭皮と毛髪を快適な環境に整えましょう。

髪の毛は、ブラシを使いドライヤーで乾かすことでキューティクルが整い、潤いある艶髪になります。髪がまとまらず広がりやすい人、反対にボリュームが出なくてペタンとしてしまう人……どんなタイプの人でも写真の手順で正しくていねいに乾かせば、サロン帰りのような美髪を目指せます。

ドライヤーは毎日使うものですから、髪にダメージを与えず、使うほどに潤うなど、少しお値段が高くても高性能なものを選んでください。

艶&ボリュームアップのドライテク

後頭部の根元から乾かす

濡れた髪をしっかりタオルドライし、洗い流さないトリートメントをつけ、手で髪をかき上げながら根元にドライヤーの風を当てます。熱が1箇所に集中しないよう注意しましょう。

枕が当たる襟足は特にしっかり

枕が当たる襟足は、キューティクルを傷めて枝毛になりやすい部分。手が入れにくいところは、上の髪を取ってクリップで留めると乾かしやすくなります。根元もしっかり乾かしましょう。

ブラシを使って髪を乾かす

頭皮が乾いたらブローブラシを使い、根元から髪を起こしながらドライヤーの風を当て、毛先まで乾かしていきます。ブラシを使うことでキューティクルが整い、艶感がアップします。

分け目を立ち上げてボリュームアップ

髪全体が乾いたら、ブラシで毛流れを意識して根元を立ち上げ、ドライヤーの風を当てます。こうすることで、分け目がふんわりと立ち上がり、ボリューム感がアップします。

愛用のドライケアアイテム

ドライヤー＆ブラシ

髪が潤いまとまりやすくなるドライヤー。また、左の天然毛のブラシでブラッシングすると髪の艶が増します。

右から、ヘアビューザー エクセレミアム 2D Plus プロフェッショナル、ベス工業 プロフェッショナル ブローブラシ、イジニス ヘアブラシ イノシシ＆ナイロン、イジニス ヘアブラシ イノシシ

ヘアケア

ドライ前はアウトバストリートメント、スタイリング前にはオイル、外出前はUVスプレーを髪全体に。

右から、アリミノ アクアモイスチュア エム（洗い流さないヘアトリートメント）、ローランド オーウェイ リライフ ヘアロスレメディ（育毛アウトバストリートメント）、ダヴィネス オーセンティック オイル、J.M.C キューティクルケラピー5、アンセンティド バビュールUV（ヘアスプレー）

ヘアケアプチアドバイス

1

タオルドライの仕方

吸水力の高いタオルで髪を包み込み、強くこすらず軽くふき取ります。ロングヘアはタオルで髪を挟んで叩いてください。特に洗ったあとの毛髪は水分を含み、摩擦抵抗が大きいので、優しくふき取りましょう。

2

ブラッシングの仕方

頭皮に直接ブラシの毛を当て、刺激を与えながらしっかりブラッシングすることで、頭皮の血行がよくなります。また、毛先までていねいにとくことで、艶が増します。ブラシは、ブタやイノシシなど動物性の良質なものを選んでください。

3

ヘアオイルやヘア剤のつけ方

根元は避け、髪の毛の中間から毛先へ、揉みほぐすようにつけます。濡れている髪はオイルがなじみやすく、表面のキューティクルを固定して保護します。特に毛先の乾燥が気になる人は、ドライヤーで乾かしたあとにも毛先につけると、まとまりやすくなります。

4

洗い流さないトリートメントの利点

髪の毛への栄養補給になります。 手触りや指通りをよくして、静電気を防ぎ、広がりを抑えます。濡れた髪に使うタイプは、手で髪に満べんなくつけてから、粗めのコームで優しくとかすと均一に髪になじみます。その後、ドライヤーで乾かしてください。

5

ショートカットのお手入れポイント

ロングでもショートでもまず頭皮をしっかりと乾かすことが大切。そして、頭頂部にボリュームを持たせるには、ボリュームを出したい部分を１束持ち上げてドライヤーを数秒当てます。 反対にボリュームダウンしたい襟足などは、ブラシで上から押さえながらドライヤーを当てましょう。

［ヘッドマッサージ］

固くなった頭皮は老いを呼ぶ!? ほぐして顔のたるみも引き上げて

頭皮マッサージで新陳代謝をよくすることで、髪を育む環境が整い、毛髪の健康にもつながります。

健康な頭皮とは、適度に潤いがあって柔らかく、青白く透明感がある状態。でも、自分では見えないだけに、お手入れがおろそかになりがちです。

また、頭皮は顔と違って意識しないと動かさないため、凝り固まっていることが多く、固まった頭皮は血行が悪くなり、抜け毛などの原因に。ですから、1日1回、マッサージでほぐしてあげましょう。

頭のコリをほぐすことで血行がよくなり、抜け毛が減るなど育毛の効果も期待できます。また、頭の筋肉が柔軟になると、頭とつながっている顔の筋肉がリフトアップされるので、たるみやシワの予防にも。顔色もワントーン明るくなります。頭を支える首のコリや疲れもほぐれますし、何より気持ちがよくてリラックスできます。寝る前に行えば入眠効果も。翌朝、顔はすっきり、頭も軽くて気分よく目覚められることでしょう。

健やかな髪を保つヘッドマッサージ

後頭部全体を揉むようにほぐす

両手の指を開いて髪の中に入れ、頭の前から後ろに向かって指の腹で揉むように押します。頭皮を動かすようにほぐし、すっきりするまで数回繰り返すと血行がよくなります。

こめかみのツボをゆっくり押す

目尻の斜め上あたりのこめかみに親指の腹を当て、いた気持ちいいくらいの加減でゆっくり押すと、血行がよくなり抜け毛予防に。また片頭痛や目の疲れにもおすすめ。

後頭部をリズミカルに叩く

1と同じように両手の指を開き、前から後ろに向かって頭皮をリズミカルに叩きます。指の腹で軽く弾くように、後頭部全体に刺激を与えます。

うなじのツボをゆっくり押す

耳たぶの後ろにある、うなじのくぼんでいる箇所（頭蓋骨の下あたり）に親指の腹を当て、いた気持ちいいくらいの加減でゆっくり押す。少し回すようにほぐすと、目や首、肩のコリも和らぎます。

Chigaya

Inner Beauty

体の内側から美を放ってこそ ファッションもメイクも輝く

自分を素敵に演出するファッションのテクニックや、自分のよさを最大限に引き出すヘア・メイクのテクニックを駆使すれば、女性は美しく輝いて見えるもの。また、スキンケアやヘアケアといったアプローチで美しさを追求することも、もちろん女性にとって欠かせません。

でも、いくら外側をきれいに飾っても、その人の中面が伴っていなければ、それはとても薄っぺらなものに感じられてしまうのではないでしょうか。

年齢を重ねた大人なら、なおのこと。積み重ねてきた豊かな経験だったり、教養だったり、知性だったり、優しさだったり……。

そんな、内面からにじみ出てくるものがあってこそ、ファッションもメイクも、より輝くのではないかと思います。

でも、内面からにじみ出てくるものは、経験や教養などだけではありません。それらと同様に大切なのは、体の内側からきれいになっていくことではないでしょうか。体の内側が美しく輝いていれば、その美は自然と表面ににじみ出てくるものなのです。

昨今、〝インナービューティ〟という言葉を耳にすることが多くなりました。インナービューティとは〝内側からの美しさ〟。

体の内側を美しく保つためには、食事が大きなポイントになってきます。体は自分が食べたものからできるもの。日々の生活を疎かにせず、体が必要とする栄養素をきちんととる必要があります。

体を鍛えることも大切です。年齢を重ねると、筋力が衰えて体幹が崩れ、体型や運動機能が衰えたりしますが、それに抗うための適度な運動は必要不可欠でしょう。気分転換をしたり、ストレスを解消するのにも、運動はとても効果的です。体の内側から輝くためには、食事や運動にも意識を向け、実践することが大切なのです。

ただ、ストレスは大敵。食事にしろ、運動にしろ、あまりストイックになりすぎるとつらくなるので、程よく取り組むことが重要ではないでしょうか。

世の中にはいろいろなダイエット法や健康法が溢れていますが、ルールが多すぎたり、我慢しなければならないことが多かったりすると、それだけで疲れてしまいます。運動にしても、精神的、肉体的にストレスがかかるようなものは避け、心地よく行えるものを見つけるようにしています。

コツコツと長く続けることを考えると、食事も、運動も、〝いい加減〟くらいがちょうどいいもの。自分に合う方法を選び、緩く、長く続けることを目指し、内側からの輝きを手に入れましょう。

［食］

食事は〝楽しむ〟ことが大事。美味しく食べてこそ美につながる

忙しすぎて、健康と食に関して無頓着だった私が初めて食を意識したのは、健康を害した友人が、食の勉強をして元気になり、さらにはヴィーガンの専門家になるまでのストーリーを間近で見ていたから。

　でも、あれは食べちゃダメ、これも避けるべき、玄米はしっかり100回噛んで……。制限や決まり事が多すぎて、食いしん坊の私にはつらいことばかり。ヴィーガンの考え方がストレスになり、結局は長く続きませんでしたが、それでも1年くらいはヴィーガン生活を頑張りました。

　娘のちがやさんも、私と一緒にヴィーガンにハマっている時期がありました。でも、体に合わなかったようで彼女も続けることができませんでした。どんなことも、合う合わないがあるので実際に試してみないとわかりませんが、ストイックにやりすぎるのも考えものです。

　今は、「ほどほどに」というところでしょうか。

朝起きたら白湯を飲む。
朝食には粉末コラーゲンとハチミツを入れたヨーグルトを食べる。
必ずやっているのはこれくらいで、高齢になってから、良質な動物性のたんぱく質をとるために、青魚や赤身のお肉、乳製品を意識して食べ、オリーブオイルやごま油をはじめとする良質の油をとり、野菜は毎日しっかり食べる……そんな当たり前のことを実践しています。

ヴィーガン生活の教訓もあり、今は私なりのスタイルで〝食事を楽しむ〟ことを心がけています。とにかくストレスは大敵ですから、自分の舌に合うものを選ぶようにもしています。いくら体にいいと言われても、自分の口に合わないもの、好きではないものを無理やり食べるのは体にいいとは思えません。

自分の舌に合うものを、いろいろな調理の仕方で楽しみ、気分をアップさせています。

また、娘家族や気のおけない友人と食事をすることや、テーブル周りのセッティングを楽しむことも大切にしています。特にひとりの食卓では、お気に入りの器とともにランチョンマットやお盆を利用して、少し優雅な演出を心がけています。

こうしていただく食べ物は、効率的に血となり、肉となってくれる。私はそう信じています。

［運動］

ストレス発散、気分転換にも。運動もコツコツ続けることが肝心

美しさのためにも、健康のためにも、何か運動をしたほうがいい……。でも、なかなか続かないのが現実。確かに、運動は習慣にするまでが難しいものです。

私自身も、運動が苦手なタイプ。それでも、友人に誘われて参加したウオーキングは、「毎週日曜日の朝6時集合」と決められていましたが、誘っていただいたおかげで1年間は続きました。おかげで足の筋力が鍛えられ、今では毎朝、40分のウオーキングが日課となっています。

まず朝起きたら、自分の気分を上げるために、「今日は何を着て歩こうか」と、服装を考えます。靴以外はウオーキング用と決めず、シーズンや気分に合うものを着て、早朝のまだ人が歩いていない街を歩く。それが大好き。私にとって、そんなウオーキングはとても大切な習慣です。

そして、もうひとつが水泳。40歳から始めて今も続いています。

水泳を始めたのは、泳ぐことが好きなことと、浮力で体がラクに動くため。

ひとりでできて時間に拘束されないのも、長く続いている秘訣でしょう。好きなときにプールへ行き、好きなだけ泳げばいいから気ラクなのです。

スキンケアと同じように、運動もコツコツ続けることが肝心ですが、そのためには、「絶対やらなきゃいけない！」と、自分を縛らないことがポイントなのかもしれません。今は、「10往復泳ぐ」と一応決めてはいるけれど、気分が乗れば1キロはOK。乗らないときは早々と切り上げて帰ります。

面倒だなと思いながらプールに行ったとしても、実際に泳ぐと気持ちよく、気分がリフレッシュして、最後のほうは無我の境地。何も考えず、ただひたすら泳ぐ。それがまた心地よく、泳いだあとの爽快感は格別。これも長く続けられている理由です。帰りにカフェでお茶しよう……など、自分にご褒美を考えるのも楽しい時間。

ちがやさんはヨガを続けていますが、これもまた自分だけの世界に入り込んで瞑想状態になるところがいいようです。この10年間、サロンにヨガの先生をお招きして、私も一緒に行っている月に1回のヨガレッスン。ここで学んだ呼吸法を普段の生活にも取り入れるようになり、体が随分とラクになりました。

ほんのわずかな時間でも、慌ただしい俗世間から離れられると、いい気分転換になります。皆さんも習慣になるような運動に出会えると、人生がもっと楽しくなりますよ。

Sachiko

×

Chigaya
Column

親子で語る
50代からの女性の生き方

私たちが思う美しい年の重ね方

大人は大人から学ぶべきことがある

サチコ　プライベートサロンを始めて20年。始めた頃は、一般の女性たちが自信をなくしている姿にかなり戸惑いましたが、お客さま一人一人と向き合う中で、逆にいろいろなことを学ばせていただきました。

ちがや　お客さまの多くが、それまでお仕事をさせていただいたプロのモデルさんたちとは求めているものが違って、サチコさんは本当に驚いてましたね。でもそれが、今の日本女性のリアルな姿。「こうしたい」ではなく、「どうしたらいいのかわからない」。多くの方がゼロからのスタートです。

サチコ　お客さまを見ていると、人それぞれの人生があり、おしゃれも十人十色だと本当に思うの。ただ、どんな人でも人間の基本的な部分は同じで、老いることは避けられない。それを踏まえ、本書では土台づくりの方法やおしゃれの楽しみ方の基本を、私たちなりに整理してまとめたのよね。

ちがや　普段、お客さまに接しているときはライブだから、二人でじっくり話し合って、とはいかないけど、この本を制作する過程で、初めてお互いの考えをきちんと確認し合うことができたのは、今後のプラスになると思っています。

サチコ　私が普段行っていることをご紹介しているけど、すごくシンプルでしょ？　お金をかけなくても、テクニックがなくても大丈夫。

ちがや　続けることで誰でもきれいが叶うことを、身をもって証明してますね。そう思うと、私世代は年上の方たちの話にも耳を傾けるべき。特に身近な先輩は自分の未来予想図になる。いいことも悪いことも参考にできます。

上手に年を重ねられる人とは

サチコ　自分を持っている人は、自分を大事にできる人。そういう人はいつもハッピーでいられて、上手に年を重ねられると思うの。

ちがや　祖母もそうだったけど、自分で切り開いていく強さってとても大事。今の時代は恵まれているから、何もしなくても情報が手に入るけど、それに頼りすぎると周りに翻弄されてしまう……。

サチコ　年齢という記号にとらわれてもダメね。今の時間をどう楽しんで生きていくかを考えないと。

ちがや　ただ、サチコさんみたいにメンタルが強い人ばかりではないし、中には深刻な問題を抱えている人もいる。でもそういう人こそ、美の力を借りて前を向いてほしいと思います。人それぞれ価値観が違うけれど、美しく装ったり、きれいにメイクすることが、生きる力に変わることもあるから。

サチコ　気持ち的にも、切り替えが早い人はきれいになれるのよ。

ちがや　切り替えができない人は、ゆっくりでもいいと思うの。日常の中で少しずつ自分をいたわることで、立ち直っていけるかもしれないし、新しい服や化粧品を買うことで、気分が晴れるかもしれないし……。

サチコ　大人は、若い人より経験を積んでいるからこそ、何でもできるはず。

ちがや　でも、これまで家族など、自分以外のことにかかりきりになっていた方は、やり方がわからない。それは仕方がないことです。

サチコ　だから、私たちが今までに経験させていただいたことが、皆さんのお役に立ってくれたらいいなと思います。

最後まで諦めない気持ちが大事

ちがや　サチコさん的に〝終活〟ってどう考えているの？

サチコ　自分で終わりを意識する、終わり方を決めるなんてとんでもない。それより、今をどう生きるかに集中するほうが大事だと思うわ。だからこそ、美容もファッションも、今の自分をハッピーにするために楽しみたいと思ってる。

ちがや　介護施設でお年寄りにメイクをしてあげると、すごくハッピーな表情になる。やはりいくつになっても女性なんだなぁって、私も勇気をもらえます。

サチコ　メイクが若い頃のメモリーを引き出すのね。おしゃれをして心が躍るのは、女性の真の姿。年を重ねた人にこそ、心の特効薬になると思うの。

ちがや　自分で簡単にできるし、人に迷惑をかけないし……。

美しく装い、きれいにメイクすることが生きる力に変わるはず

Chigaya

生涯現役でいいじゃない！
終活より今を楽しく生きることが大事

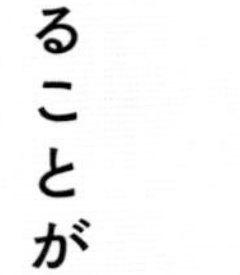

Sachiko

サチコ　年だからって、女性を諦めるなんてもったいない。主婦でも誰でも、生涯現役と思っていいんじゃないかしら。60代、70代にもなれば、余裕ができる。その時間を大切にしてほしいですね。とにかく〝やってみる〟〝続ける〟ことが大事。「女の人がきれいでいることが、日本の未来を明るくする」と言っていた義母の言葉通りだと思います。

ちがや　まだ50代の私世代は、情報過多の中、いろいろやりすぎて本来の自分を見失っている人が多いと思う。年齢も中途半端で不安要素も多い。自然に周りと同化してしまうし、まだ若さにも未練がある、アンバランスな時期。

サチコ　そこを突き抜けたら、こちら側に来られるんじゃないかしら。年を取っても誰でもきれいになれる。それは人生を楽しむことにつながるの。

ちがや　自分流でいいのよね。この本にいろいろ書かせていただいたけど、その中から自分に合うものを選んで、自分流に取り入れていただいたり、おしゃれを楽しんでもらえるきっかけになったらうれしいですね。

サチコ　女性は花。いくつになってもその花をどう咲かせるか、皆さんも一緒に第二のおしゃれライフを楽しみましょう。

Profile

川邉サチコ

1938年東京生まれ。女子美術大学卒業。22歳で結婚後、美容家の義母と渡仏し、パリのメイクアップスクールで学ぶ。60年代、ディオール、サンローランなどのオートクチュールコレクション、三宅一生、芦田淳などのコレクションのヘア・メイクを担当。70年代から広告やTV、舞台、などで女優、タレント、モデル、またデヴィッド・ボウイなど海外アーティストのイメージメイキングを担当。その後、着物、漆器、陶器などの企画やデザインを手がけるなど、仕事の幅を広げる。94年、大人のトータルビューティサロン「川邉サチコ美容研究所」(現在のKAWABE.LAB)を開設。著書に、『ビューティ・ホロスコープ 自分が一番、おもしろい』(同文書院)『「女神メイク」効果!』中谷比佐子共著(三五館)がある。
Instagram @chuanbiansachiko

川邉ちがや

1963年東京生まれ。美容家の家系に生まれ、学生時代からファッションやインテリアのスタイリングを手がける。卒業後、インテリアコーディネイター、スタイリストとして活動。独立後はアパレルやメーカーなどのディレクションやスタイリングを行う。その後、祖母のもとで美容を学び、アートディレクター石岡瑛子、女優などのヘア・メイクを担当。「KAWABE.LAB」では、ヘア、メイク、スタイリングをトータルで提案している。ファッション関係で活躍する2人の息子の母でもある。
Instagram @chigaya_kawabe

お問い合わせ
KAWABE.LAB
http://www.sachikokawabe.com
Instagram @kawabelab

staff

デザイン
吉村 亮、大橋千恵、石井志歩（Yoshi-des.）

撮影
宮濱祐美子（表紙，P2-7，Lesson 1，P154，159）
Tasha（P42，65，67，Lesson 2，Lesson 3）

スタイリングアシスタント
中村里香子

編集
岩越千帆（smile editors）
佐藤美由紀

校正
玄冬書林

special thanks
寺屋交易（イジニス、ミロワール・アルパン）
モテコス（ジャン・デストレ、セレクピア）
SUI TOKYO

HAPPY《ハッピー》 AGEING《エイジング》
これからの私《わたし》に合《あ》うおしゃれ

2019年8月20日 第1刷発行

著 者
川邉《かわべ》サチコ 川邉《かわべ》ちがや

発行者
吉田芳史

印刷所／製本所
図書印刷株式会社

発行所
株式会社日本文芸社
〒101-8407 東京都千代田区神田神保町1-7
電話 03-3294-8931（営業） 03-3294-8920（編集）

Printed in Japan 112190807-112190807Ⓝ01（201065）
ISBN978-4-537-21709-4
URL https://www.nihonbungeisha.co.jp/

（編集担当：河合）